A2

Les clés du nouveau DELF

Tout pour réussir le DELF nouvelle formule

Les clés du nouveau DELF : une collection pour s'entraîner au DELF, nouvelle formule

Depuis 1985, le Diplôme d'études de langue française (DELF) est une référence dans le monde entier pour certifier les connaissances en français. Ce diplôme a évolué avec le temps, et le Centre International d'Études Pédagogiques (CIEP), établissement public du ministère de l'Éducation nationale français, l'a récemment actualisé pour l'harmoniser avec le Cadre Européen Commun de Référence pour les Langues (CECR). Ainsi, les nouvelles épreuves du DELF (en vigueur depuis septembre 2005) comptent dorénavant 6 étapes indépendantes (A1, A2, B1, B2, C1 et C2).

L'équipe d'auteurs a donc pris en compte ces changements pour proposer un manuel qui veut aller plus loin que le simple entraînement à l'examen. Son nom, ***Les Clés du DELF A2***, n'est d'ailleurs pas anodin : il s'agit bien d'apporter non seulement des exercices et des tests, mais également de nombreux conseils d'usage de la langue et surtout des conseils (ou clés) pour aborder chacune des épreuves.

Tableau d'équivalence entre ancien et nouveau DELF

ANCIEN DELF	CECR	NOUVEAU DELF	DURÉE DES ÉPREUVES
A1 A2	A1 Découverte	A1	1h20
A1-A2 A3 A1-A3 A1-A4 A2-A3 A2-A4	A2 Survie	A2	1h40
A3-A4	B1 Seuil	B1	1h45

Les clés du nouveau DELF : une structure simple et efficace

Ce manuel contient **5 unités thématiques** comprenant chacune des rubriques lexicales, grammaticales et phonétiques, ainsi qu'un examen d'entraînement avec des recommandations pour les différents types d'épreuves.

- *Le lexique et la grammaire* : dans les premières pages de chaque unité, l'utilisateur du manuel trouvera des activités regroupées autour de thèmes (cinq au total) pour réviser ou approfondir en contexte les aspects lexicaux et grammaticaux élémentaires requis pour le niveau A2 du CECR. En marge de ces activités, chacune des rubriques comprend des encadrés « Pense-bête » sur des aspects précis de la langue écrite ou orale (usage de langue, remarque civilisationnelle, etc.). La plupart des activités peuvent se faire individuellement à l'écrit . Certaines peuvent être aussi être réalisées par groupes de deux à l'oral .

À la fin de la rubrique grammaticale, vous trouverez un *mémento* permettant de visualiser rapidement les formes travaillées dans l'unité.

- *La phonétique* : cette rubrique rappelle et complète en une page les aspects phonétiques fondamentaux appropriés au niveau A2. Les exercices de phonétique sont accompagnés d'un support audio .

Cinq *Épreuves d'entraînement au DELF A2* : chaque unité comprend un examen d'entraînement divisé selon les quatre épreuves de l'examen. Elle propose pour chaque partie de l'examen, les clés sur la façon d'aborder un exercice (les clés de l'entretien dirigé, les clés de l'extrait de presse, etc.) et sur la façon dont le candidat sera évalué. Chaque examen DELF d'entraînement permet aussi d'aller plus loin dans le réemploi des formes lexicales et grammaticales de l'unité en question.

5 examens complets : vous touverez cinq examens complets qui reproduisent des exercices basés sur le modèle de ceux du CIEP.

C'est donc un total de **10 examens** d'entraînement au DELF que vous proposent ***Les Clés du DELF A2*** : Tirez-en profit !

Tableau récapitulatif des épreuves du DELF A2, nouvelle formule

NATURE DES ÉPREUVES	DURÉE	NOTE SUR
COMPRÉHENSION DE L'ORAL (CO) Réponse à des questionnaires de compréhension portant sur trois ou quatre courts documents enregistrés relatifs à des situations de la vie quotidienne (2 écoutes). Durée maximale des documents : 5 min.	25 min. environ	25
COMPRÉHENSION DES ÉCRITS (CE) Réponse à des questionnaires de compréhension portant sur trois ou quatre courts documents écrits ayant trait à des situations de la vie quotidienne.	30 min.	25
PRODUCTION ÉCRITE (PE) Rédaction de deux brèves productions écrites (lettre amicale ou message) : · Décrire un évènement ou des expériences personnelles. · Écrire pour inviter, remercier, s'excuser, demander, informer, féliciter, etc.	45 min.	25
PRODUCTION ORALE (PO) Épreuve en trois parties : · entretien dirigé · monologue suivi · exercice en interaction	6 à 8 min.	25
Seuil de réussite pour obtenir le diplôme : 50/100 **Note minimale requise (pour chaque épreuve) : 5/25**	**Durée totale des épreuves : 1 h 40**	**Note totale 100**

Les clés du nouveau DELF : agréable et motivant

Dans ce livre, nous n'avons pas voulu perdre de vue deux aspects fondamentaux qui rendent plus efficace l'entraînement à un examen : la motivation et le plaisir des yeux. C'est pourquoi nous proposons des exercices impliquant réellement le candidat, avec une présentation graphique agréable et en couleur.

Enfin, les professeurs trouveront des informations complémentaires, des conseils d'évaluation, les solutions des exercices et le CD contenant tous les documents audio (avec les transcriptions) dans les *Clés du nouveau DELF, guide du professeur*.

Il ne nous reste plus qu'à souhaiter que ces *Clés du nouveau DELF* vous ouvrent la porte du succès à ce prestigieux examen.

Bonne chance !

Les Auteurs

Table des matières

Les examens commentés, les solutions, les transcriptions et un CD figurent dans le *Guide du professeur*.

1

Les clés pour parler de...

mon parcours

DANS CETTE UNITÉ, NOUS ALLONS PARLER DE NOTRE PARCOURS SCOLAIRE ET PROFESSIONNEL

Les clés pour
- parler des études suivies
- décrire une expérience professionnelle
- parler de ses intentions
- justifier un choix

Les clés pour bien utiliser
- le passé composé (auxiliaires et participes passés)
- le présent continu
- quelques indicateurs temporels
- l'énumération

Entraînement au DELF A2. Les clés
- du message sur répondeur (CO)
- du courriel (CE)
- pour rédiger un texte (PE)
- du monologue suivi (PO)

1 | Comprendre une biographie

Eddie Lagraine est un jeune chanteur. Sa biographie n'est pas longue, mais elle est en désordre. Remettez-la en ordre.

..... À l'âge de 11 ans, ses parents décident de déménager et de s'installer à Paris.

..... Il forme le groupe DeRêve avec son ami Vincent et se produit dans des petites salles de province.

..... Enfant, il découvre la musique avec son père, saxophoniste dans un groupe de jazz amateur.

..... Il est né dans une petite ville de l'est de la France.

..... Grâce à son single « le baiser de l'été », il devient l'idole des 15-25 ans.

..... Au lycée, il rencontre Vincent qui deviendra son partenaire.

..... Arrivé à Paris, il apprend la musique et commence à jouer de plusieurs instruments.

LES FRANÇAIS ET LE MARIAGE

Le mariage reste très courant en France, mais les couples se marient plus tard qu'il y a 20 ans, en général après une longue période de cohabitation. La cérémonie du mariage reste traditionnelle : longue robe blanche pour la mariée et grand repas familial. L'union libre (vivre en couple sans être mariés) et le PACS (contrat passé entre deux personnes de sexe différent ou de même sexe, qui existe depuis 1999) sont d'autres formules de vie à deux.

2 | Les événements de la vie

Connaissez-vous le vocabulaire des magazines ? Complétez les phrases suivantes et vous deviendrez peut-être le journaliste préféré des stars. Utilisez les mots suivants. Attention, il faut parfois conjuguer les verbes.

devenir – se séparer – divorcer – rencontrer – succès – se marier – mariage – adopter – partager – quitter – avoir d'une maladie – échec

- Savez-vous que Brad Pitt s'est .... de Jennifer Anniston. Il a ensuite .... Angelina Jolie sur le tournage d'un film. Les deux acteurs ont .... une petite fille.
- Catherine Zeta-Jones s'est .... avec Michael Douglas et a demandé le contrat de .... le plus cher du monde.
- Tom Cruise et Nicole Kidman ont .... leur vie pendant plusieurs années pour finalement ....
- L'écrivain J.K. Rowling a obtenu un énorme .... auprès des jeunes grâce à sa série de Harry Potter.
- Après avoir .... du cœur, le chanteur britannique David Bowie est remonté sur scène.
- Demi Moore : son mariage avec Bruce Willis a été un ....
- Après seulement 4 mois de mariage, Renée Zellweger, l'inoubliable Bridget Jones, a .... son mari.
- Victoria Beckham, ex Spice Girl, est .... célèbre grâce à son mariage avec David Beckham.

3 | Expliquer des intentions

Répondez aux questions suivantes, puis lisez les solutions.

FAMILLE

1 Est-ce que vous aimeriez vous marier ?
- **a.** Oui.
- **b.** Non, absolument pas.
- **c.** Je ne sais pas. Je n'ai pas pensé à la question.

2 Pensez-vous avoir des enfants ?
- **a.** Oui.
- **b.** Non, pas d'enfant du tout.
- **c.** Je ne sais pas, ce n'est pas important.

PROFESSION

3 Quel type de profession souhaitez-vous avoir ?
- **a.** Stable, de type fonctionnaire.
- **b.** Libérale, free-lance.
- **c.** Ça m'est égal si le travail est intéressant.

LIEU DE VIE

4 Avez-vous l'intention de changer de lieu de vie ?
- **a.** Non, absolument pas.
- **b.** Oui.
- **c.** Je ne sais pas.

5 Est-ce que vous désirez connaître beaucoup de pays étrangers ?
- **a.** Non, ça ne m'intéresse pas.
- **b.** Oui.
- **c.** Pourquoi pas, mais ce n'est pas ma priorité.

6 Vous avez envie à l'avenir...
- **a.** d'habiter dans une maison pour toute la vie.
- **b.** de changer régulièrement de maison.
- **c.** cela m'est indifférent.

Si vous avez une majorité de :
- **a.** Vous êtes déterminé/e et savez clairement ce que vous voulez : une vie calme et assez traditionnelle, comme celle de vos parents. Vous n'avez pas peur de vous engager et savez justifier vos choix.
- **b.** Vous voulez garder la possibilité de changer le cours de votre vie à tout moment. Vous êtes ouvert/e à toute possibilité qui se présente.
- **c.** Vous n'êtes pas encore sûr/e de vous pour faire des choix précis sur votre vie. Prenez le temps et laissez-vous aller.

POUR EXPLIQUER SES PROJETS, SES INTENTIONS

Je voudrais devenir journaliste.
J'aimerais (bien) faire des études universitaires.
Je souhaite entrer dans une grande multinationale.
J'ai l'intention de me marier.
J'ai envie d'avoir des enfants.

- Quand les projets sont plus définis et décidés, on utilise **aller** + INFINITIF
  *Je **vais déménager** en octobre.*

● Tu aimerais te marier ?
○ Oh oui, j'aimerais bien, et toi ?

4 | Les études

A Jean Morin veut faire une formation dans un lycée technique. Pour cela, il a un entretien avec un conseiller d'orientation. Faites correspondre les questions et les réponses.

Questions
1. Que voulez-vous étudier ?
2. De quel établissement venez-vous ?
3. Et pourquoi vous préférez ces études ?
4. Quelle sont vos matières préférées ?
5. Comment vous appelez-vous ?
6. Vous avez pensé à une spécialité ?
7. En quelle année êtes-vous ?
8. Où pensez-vous faire ces études ?

Réponses
- **a** Je suis en 3ème.
- **b** J'aime bien les sciences, l'informatique et les mathématiques.
- **c** Parce que j'aime bien créer des sites Internet.
- **d** Jean Morin.
- **e** Non, pas vraiment. Je vais peut-être me spécialiser dans l'application informatique, mais pas dans la recherche.
- **f** Je voudrais faire des études informatiques.
- **g** Je suis au collège Jean Jaurès de Castres.
- **h** Je voudrais faire une prépa et intégrer l'École Supérieure en Sciences de l'Informatique de Sophia-Antipolis.

L'ÉDUCATION PRIMAIRE ET SECONDAIRE EN FRANCE

- La maternelle (3 à 5 ans)
- L'école primaire (6 à 10 ans)
  Le cours préparatoire (CP)
  Le cours élémentaire 1 (CE1) et 2 (CE2)
  Le cours moyen 1 (CM1) et 2 (CM2)
- Le collège
  La sixième, la cinquième, la quatrième et la troisième.
  À la fin du collège, on passe un examen : le brevet des collèges.
- Le lycée
  La seconde, la première et la terminale.
  À la fin du lycée, on passe un examen : le baccalauréat ou bac.

lexique

LES NOTES
En France, on note sur 20 et, pour réussir dans une matière, il faut obtenir au moins 10 sur 20 (10/20 : la moyenne)

MENTIONS HONORIFIQUES
Assez bien pour une note moyenne égale à 12 et inférieure à 14.
Bien pour une note moyenne égale à 14 et inférieure à 16.
Très bien pour une note moyenne égale ou supérieure à 16.

- L'éducation supérieure
  Elle est définie selon le nombre d'années qu'il faut pour obtenir un diplôme après le baccalauréat (Bac+...). Les formations courtes (Bac+2 ou Bac+3) se font dans des Instituts universitaires de technologie (IUT) ou dans des lycées ou écoles privées.
- L'Université
  La licence (Bac+3), le mastère 1 (Bac+4) ou 2 (Bac+5), le doctorat (Bac+8).
- Les grandes écoles et les Prépas
  Les grandes écoles offrent des formations Bac+5 qui préparent à différents métiers (ingénierie, commerce, administration, armée, etc.). Pour y entrer, il faut faire deux ans de « prépa » (formation préparatoire pour l'accès aux grandes écoles). Il existe aussi des écoles spécialisées : École de Pharmacie, d'Architecture, etc.

B Remettez ce dialogue dans un ordre qui vous semble logique.

C Utilisez ce dialogue pour écrire des questions que vous poserez à un/e camarade sur :

le collège où il/elle a étudié
ses matières préférées
les études qu'il/elle aimerait faire et pourquoi
ses projets professionnels

Ursula, dans quel collège tu as étudié ?

5 | Les examens

A Complétez le dialogue avec les mots suivants.

dossier scolaire passer examens littérature moyenne
entrer échouer optionnel résultats notes passer en matière

- Ça va ?
- Oui, ça va, mais les examens ne se sont pas super bien passés.
- Tu n'as pas eu de bons .... ?
- J'ai juste la ....
- Mais c'est bien !
- Ben non, parce qu'il me faut des bonnes .... pour mon .... , surtout en ....
- Mais l'important ce n'est pas de réussir à .... année supérieure ?
- Non, pas si je veux .... dans une bonne école.
- Alors c'est fini, les exams ?
- Non, il me reste à .... une .... : le dessin.
- Bon, ça va. Je sais que là tu ne vas pas .... Et en plus c'est .... , n'est-ce pas ?
- Oui, effectivement.

B Avec un/e camarade, parlez de vos derniers examens. Demandez lui/elle :

Comment se sont passés les examens.
S'il/elle a eu de bonnes notes.
Quelle matière il/elle a bien réussie.
À quelle matière il/elle a échoué.
S'il/elle a obtenu une mention.
Si c'est important pour lui/elle d'avoir des notes élevées.
S'il/elle doit encore passer des examens.

• Comment se sont passés tes derniers examens ?

6 | Le travail

A Voici une lettre de présentation. Trouvez dans la lettre les renseignements nécessaires pour remplir la fiche personnelle ci-dessous.

Madame, Monsieur,
Je m'appelle Claude Leclou, je suis pharmacien, diplômé de l'école de pharmacie de Montpellier et je me présente pour occuper le poste annoncé dans l'hebdo 21 du 4 juin.
J'ai travaillé comme technicien à Biopharmatique pendant 2 ans et, comme je suis ouvert sur les autres, j'ai pu devenir vendeur. Pendant ce temps, j'ai suivi une maîtise de gestion commerciale à distance.
Comme j'aime les changements, j'ai quitté Biopharmatique trois ans plus tard et j'ai commencé à travailler chez Vectron, le plus grand laboratoire de ma région. Là, j'ai encore eu un poste de chef dans la vente pendant deux ans et, grâce à mes bons résultats et mon sens des responsabilités, j'ai pu devenir directeur commercial.
Cela fait maintenant cinq ans que je suis dans cette entreprise, mais le contrat que j'ai signé ne me satisfait pas.
Je suis actuellement célibataire, et j'ai seulement 36 ans. Je peux donc accepter de voyager, comme vous le demandez dans votre petite annonce. Mon expérience, mes diplômes et mon sens de l'initiative font de moi un bon candidat pour le poste que vous offrez.
Je reste à votre disposition pour toute information complémentaire.

INFO. PERSONNELLES

Nom :
Prénom :
Âge :
État-civil :

ÉTUDES (Diplômes)

CARRIÈRE PROFESSIONNELLE
(Entreprise / Poste / Durée)

1
2
3
4

QUALITÉS

B Faites la lettre de présentation de la personne à partir du formulaire suivant.

INFORMATIONS PERSONNELLES
Nom : Fabian
Prénom : Christine
Âge : 31 ans
État-civil : Mariée. Un enfant

ÉTUDES
Licence de langues étrangères appliquées et diplôme d'expert-comptable

CARRIÈRE PROFESSIONNELLE
(Entreprise / Poste / Durée)
1. **Cabinet de traduction IRIS** / Traductrice / 2 ans
2. **ARMERIC, SA** / Secrétaire à l'exportation / 1 an et demi
3. **ARMERIC, SA** / Employée au service comptable / 2 ans
4. **ARMERIC, SA** / Chef du service comptable / 2 ans et demi

QUALITÉS
Communicative – Précise – Sérieuse – Sens du commandement

Je m'appelle Christine Fabian...

lexique

L'ACTIVITÉ PROFESSIONNELLE
- Demander l'activité professionnelle de quelqu'un :
  Qu'est-ce que vous faites ?
  Qu'est-ce que vous faites comme travail / dans la vie ?
  Quelle est votre profession ?
  Vous êtes / travaillez dans quoi ?
- Parler de son travail :
  Je suis architecte.
  Je travaille comme mécanicien dans un garage.
  Je suis dans le secteur de la construction, dans l'enseignement.
  Je suis chargé / responsable d'un service, je m'occupe du personnel.

QUALITÉS PROFESSIONNELLES
On apprécie, entre autres, les qualités suivantes :
Être travailleur/euse
sérieux/euse
dynamique
ouvert/e
communicatif/ive
sociable
aimable
patient/e
organisé/e
précis/e
créatif/ive
Avoir le sens du contact
des responsabilités
du commandement
du travail en équipe
Avoir de l'expérience

LES CÉSARS DU CINÉMA
En France, ce sont les prix qui récompensent les meilleurs films et les meilleurs professionnels du cinéma au cours d'une grande soirée : la nuit des césars. Cette cérémonie s'est déroulée pour la première fois le 3 avril 1976. Pendant la cérémonie, les meilleurs acteurs, réalisateurs, techniciens, etc. reçoivent une sculpture en or réalisée par le sculpteur César, d'où le nom de cette cérémonie.

7 | La différence entre présent de l'indicatif et passé composé

Lisez cette biographie, puis classez les verbes du texte comme dans l'exemple.

Audrey Tautou fait partie des meilleures actrices françaises. Elle tourne dans des films qui connaissent un grand succès. Mais qui se cache derrière ce visage angélique ? Audrey est née en 1976. Elle a fait ses études secondaires en Auvergne ; ensuite, en 1994, elle est partie à Paris pour suivre des études de Lettres modernes. Parallèlement, elle a suivi un cours d'art dramatique. Elle a commencé sa carrière d'actrice dans des téléfilms et, en 2000, elle a tourné dans *Vénus Beauté*. Le film a connu un grand succès et la jeune actrice a obtenu le César du meilleur espoir féminin. Depuis ce film, Audrey tourne en France et dans le monde entier. Pour beaucoup, Audrey Tautou reste Amélie, le personnage central du célèbre film de Jean-Pierre Jeunet : *Le fabuleux destin d'Amélie Poulain*.

PRÉSENT	PASSÉ
Audrey Tautou fait	Audrey est née

LE PASSÉ COMPOSÉ
On utilise le passé composé pour parler d'un événement très ancien ou d'un événement très récent.
*Les Égyptiens **ont construit** les Pyramides il y a plus de 4000 ans.*
*Bruno **est parti** ce matin en vacances.*
*La semaine dernière, il **a fait** froid.*

8 | Les auxiliaires être et avoir

Lisez cette biographie d'Éric Tabarly et complétez les espaces vides avec l'auxiliaire qui convient.

Éric Tabarly .... été un très grand navigateur. Il .... né le 24 juillet 1931 à Nantes et il ...... mort le 13 juin 1998. Éric ...... découvert la mer à 3 ans quand son père ..... acheté le célèbre *Pen Duick*. Il s'....... engagé dans la Marine nationale pour financer la restauration du bateau familial et, en 1964, deux architectes .... aidé Éric à préparer ce voilier pour gagner la Course transatlantique en solitaire. Le 18 juin 1964, il ..... arrivé le premier à Newport. Douze ans plus tard, en 1976, il ..... gagné une deuxième fois cette course. On peut dire qu'il .... marqué des générations de navigateurs. Il ... formé également des navigateurs qui ...... devenus célèbres, comme Alain Colas ou Olivier de Kersauzon. Mais en 1998, il ...... tombé de son bateau, le *Pen Duick 1* et il ...... disparu en mer.

Un conseil : apprenez les participes passés de chaque nouveau verbe. Vous pouvez même créer un petit tableau (sur papier ou sur votre ordinateur) que vous complèterez chaque fois que vous apprendrez un nouveau verbe.

INFINITIF	P. PASSÉ
prendre	*pris*
avoir	*eu*
être	*été*
...	...

9 | Les participes passés

La petite Alma, 6 ans, a envoyé son premier courriel à sa grand-mère. Mais elle ne connaît pas encore très bien les participes passés. Corrigez son texte quand cela est nécessaire, comme dans l'exemple.

Pièces jointes : Aucune
Police par défaut | Taille du texte | G I S T

Bonjour Mémé,

Voilà ce que j'ai ~~faire~~ fait pendant mes vacances d'été. Je suis allée avec Papa et Maman à la plage et nous avons voié beaucoup de bateaux. J'ai connaîtré beaucoup d'amies et j'ai joué avec elles à beaucoup de choses. Un jour, des amis de Papa et Maman sont venis et ils m'ont offrit un cadeau. J'ai ouvri le paquet et j'ai savu immédiatement que le cadeau qu'ils m'ont donné est un jeu pour mon ordinateur.
Mémé, je t'aime beaucoup et je te fais de gros bisous. Et à Papi aussi.

Alma

10 | Les indicateurs temporels (1)

C'est un beau roman, c'est une belle histoire... Retrouvez dans quel ordre se sont produits ces évènements.

☐ Le 14 juillet, elle est allée faire la fête avec ses amis. Ce jour-là, elle a rencontré Stéphane, un jeune étudiant français.

☐ En avril, Stéphane a fait une surprise à Konstantina : il est allé la voir à Athènes pour son anniversaire. Il est resté une semaine.

☐ Pendant le reste de l'année, Stéphane et Konstantina se sont envoyé des e-mails et ils ont chatté.

☐ Deux semaines plus tard, Konstantina a quitté Paris et Stéphane. Elle a pris l'avion pour la Grèce.

☐ En juin 2003, Konstantina est partie étudier le français à Paris.

☐ Actuellement, Stéphane et Konstantina vivent ensemble dans le sud de la France.

☐ L'année dernière, Konstantina a décidé de poursuivre ses études à Montpellier. Ils ont pu se voir tous les week-ends.

grammaire

POUR PARLER D'UN ÉVÉNEMENT ACTUEL
On utilise le présent ou le présent continu, souvent accompagné d'une forme adverbiale (**maintenant, actuellement, en ce moment**).
En ce moment, */* ***maintenant,*** */* ***actuellement,*** *il est en train de parler avec son directeur.* (= Il parle avec son directeur.)

11 | Les indicateurs temporels (2)

Voici quelques renseignements sur Igor. Complétez les phrases avec la forme qui convient.

2000 : baccalauréat à Moscou.
2001-04 : études supérieures aux États-Unis.
Été 2002 : voyage en stop à travers l'Amérique centrale et du sud.
2003 : rencontre avec une jeune française, Evelyne.
2004 : 1ère année de français à Boston.
Été 2004 : stage de crêpier en Bretagne (2 mois).
Novembre 2005 : diplôme DELF A1.
Décembre 2005 : installation en France.
Février 2006 : responsable relations internationales d'une grande entreprise.

- Il a obtenu son baccalauréat depuis / il y a plus de 5 ans.
- Il a étudié aux États-Unis jusqu'en 2001 / de 2001 à 2004.
- Pendant / Depuis l'été 2002, il a voyagé en Amérique latine.
- Il a rencontré une jeune française en / depuis 2003.
- Pendant l'année scolaire / Depuis l'année scolaire 2004, il a suivi son premier cours de français à Boston.
- Il y a deux mois qu' / Pendant deux mois, il a réalisé un stage de crêpier.
- Depuis 2005 / Jusqu'en 2005, il est installé en France.
- Il travaille dans une grande entreprise il y a / depuis 2006.

L'ORDRE DES MOTS DANS LA PHRASE
On peut écrire :
Je suis parti au Honduras il y a 2 ans.
Mais on peut aussi mettre les indicateurs temporels en tête de phrase :
Il y a 2 ans, *je suis parti au Honduras.*

12 | L'énumération

Catherine Pagès est actuellement chercheuse au CNRS. Elle raconte son parcours. Repérez dans ce texte les éléments qui indiquent l'ordre dans lequel elle a réalisé chacune des étapes.

D'abord, j'ai passé mon Bac au lycée de ma ville. J'ai voulu ensuite suivre des études de physique, alors je suis partie à l'université de Toulouse. Puis, après ma maîtrise (mention Très Bien), j'ai obtenu une bourse de recherche pour l'Université de Bekerley aux États-Unis. Après mon doctorat, j'ai trouvé un poste de chercheur à Sillicone Valley. Enfin, il y a deux ans, j'ai eu la possibilité de rentrer en France. Depuis, je dirige une équipe de recherche au CNRS.

D'abord...

LA NÉGATION SIMPLE AU PASSÉ COMPOSÉ
Il faut intercaler la particule **pas** entre l'auxiliaire et le participe :
*Je **ne** suis **pas** arrivé en retard. Il **n'**a **pas** préparé son examen.*

À l'oral le **ne** disparaît très souvent :
*Je suis **pas** arrivé en retard. Il a **pas** préparé son examen.*

13 | Écrire ou parler au passé

A Continuez le texte à partir des renseignements contenus dans la fiche de Zinédine Zidane.

23 juin 1972 : naissance à Marseille.
1982 : première licence dans un club de foot de son quartier marseillais.
20 mai 1989 : début en 1ère division à l'AS Cannes.
1992 : départ pour Bordeaux.
1992-1995 : il devient un des meilleurs joueurs du club. Il marque beaucoup de buts.
1993 : l'équipe nationale algérienne refuse Zizou.
1994 : première sélection en équipe de France.
1996 : la Juventus de Turin engage Zidane.
1998 : grâce à lui, la France gagne sa première coupe du monde.
2000 : « Meilleur joueur de l'année ».
2001 : il part au Real Madrid.
2004 : il décide d'abandonner le football.
2005 : retour en équipe de France.

Zinedine Zidane est un grand joueur de football. Il est né le...

B À votre tour, imaginez que nous sommes en 2025. Écrivez en quelques lignes votre biographie. Vous pouvez imaginer une vie fantastique et pleine d'aventures.

14 | Le présent continu

Répondez aux questions à l'aide du présent continu.

Qu'est-ce qu'il prépare actuellement ? *Il est en train de préparer un concours administratif.*

Et vous,
Quelle langue vous étudiez actuellement ?
Qu'est-ce que vous lisez en ce moment ?
Qu'est-ce que vous faites maintenant ?
Qu'est-ce que vous préparez actuellement ?

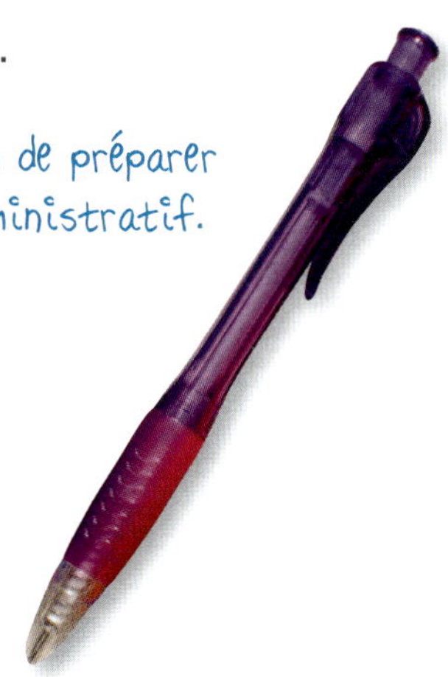

Le passé composé

- Le passé composé exprime une action terminée dans le passé.
  *Il **a étudié** le français à Paris.*
  *Ils **sont allés** faire un séjour linguistique en Angleterre.*
  *Il **s'est présenté** au DELF A2.*

- Ce temps est formé avec l'auxiliaire AVOIR ou l'auxiliaire ÊTRE au présent de l'indicatif + un participe passé.

- Tous les verbes en **-er** ont leur participe passé en **-é**.
  *étud**ier*** ⟶ *étudi**é***
  *travaill**er*** ⟶ *travaill**é***

Il n'y a pas d'exception !

Pour les autres verbes, il n'y a pas de règle, mais il est possible de former des familles de terminaison.

-i : *part**i**, fin**i**, chois**i**, dorm**i**, suiv**i**, etc.*
-it : *condu**it**, produ**it**, écr**it**, etc.*
-is : *pr**is**, m**is**, etc.*
-**ert** *: ouv**ert**, off**ert**, découv**ert**, etc.*
-u : *ven**u**, l**u**, v**u**, s**u**, etc.*

Le radical de certains participes a une forme très différente de l'infinitif :

recevoir ⟶ *reçu*
savoir ⟶ *su*

- **Les auxiliaires ÊTRE et AVOIR**

Tous les verbes pronominaux (sans exception) se conjuguent avec être.

*Anne **s'est** levée à 7 heures.*
*Cet été, je **me suis** présenté au DELF.*

Certains verbes qui ne sont pas pronominaux se conjuguent avec ÊTRE :

naître, mourir, entrer*, sortir*, monter*, descendre*, aller, venir, passer*, rester, tomber, retourner*.

*Romain **est né** le 8 août 2005.*
*Cet été, je **suis allé** en Espagne.*

⚠ Les verbes avec un astérisque* peuvent se conjuguer avec ÊTRE ou AVOIR. Si le verbe admet un complément d'objet direct (*la voiture, le meuble,* etc.), l'auxiliaire est AVOIR. Dans les autres cas, c'est ÊTRE.
*Il **est entré**.* Mais *: Il **a entré** la voiture.*
*Je **suis descendu** en ascenseur.* Mais *: J'**ai descendu** le meuble par l'ascenseur.*

⚠ Avec ÊTRE, le participe passé fonctionne comme un adjectif, il s'accorde en genre (masculin, féminin) et en nombre (singulier, pluriel) avec le sujet.
***David** est **allé** au cinéma. **Hélène** est **allée** au théâtre.*

Tous les autres verbes se conjuguent avec AVOIR. Avec AVOIR, le passé ne s'accorde pas avec le sujet.

*Sophie **a mangé** des crêpes.*

Pour la négation au passé composé, voir l'unité 4.

Les indicateurs temporels

- **il y a / il y a... que**

Il y a s'utilise pour situer une action dans le passé. Dans ce cas, le verbe doit être au passé composé.

***Il y a** 3 ans, je suis allé faire un Erasmus à Amsterdam.*

On utilise **Il y a ... que** pour marquer le commencement d'un fait qui continue au moment où on parle. Dans ce cas, le verbe doit être au présent.

***Il y a** 3 ans **qu'**il fait du français.*

- **Depuis / Pendant**

On utilise **depuis** + un moment dans le temps pour marquer le début d'une action ou d'un fait qui reste vrai au moment où on parle.

*Damien habite au Canada **depuis** le mois de juin dernier.*
*Anne-Marie s'est présentée deux fois aux examens **depuis** 2002.*

On utilise **pendant** pour délimiter la durée d'un fait.

*Fabien travaille **pendant** ses vacances.* (verbe au présent)
*Fabien a travaillé **pendant** ses vacances.* (verbe au passé composé parce que l'action est finie)

- **Jusqu'à (jusqu'en)**

On utilise **jusqu'à** + un moment dans le temps pour marquer la limite d'une situation, d'une période.

***jusqu'à** trois heures, **jusqu'au** 4 juin, **jusqu'à** son mariage.*

Pour les mois et les années, on utilise **jusqu'en** : ***jusqu'en** septembre, **jusqu'en** 2005.*

*Marie-Pierre a fait de l'anglais **jusqu'au** lycée.*

- Pour marquer un événement dans le passé, on peut utiliser d'autres expressions : ***hier, avant-hier, la semaine dernière, le mois dernier, l'année dernière,*** etc.

Le présent continu

- On utilise ÊTRE (au présent) + **en train de** + INFINITIF pour indiquer une action qui se déroule au moment où on parle et qui n'est pas terminée.
  *Je **suis en train** de lire un livre.* (= Actuellement, je lis un livre.)

15 | Les clés des sons du français standard

Pour vous présenter au DELF A2, il n'est pas nécessaire de reconnaître tous les sons du français et encore moins de les reproduire. Mais vous devez être capable de distinguer et d'essayer de réaliser des sons élémentaires.

Dans les unités suivantes, vous allez trouver des clés pour faire la différence entre certaines voyelles du français qui présentent des particularités. Avant, il est important de vous familiariser avec quelques symboles phonétiques utilisés pour représenter un son.

Nous vous proposons ci-dessous un tableau qui récapitule l'ensemble des sons du français standard.

VOYELLES

[a] comme *ami*, *chatte*
[ɑ] comme *château*
[e] comme *né, ces, chanter*
[ɛ] comme *lait*, *c'est*
[ə] comme *ce*, *cela*
[i] comme *lit*
[o] comme *rose*, *sot*, *beau*, *cause*
[ɔ] comme *sotte*, *comme*
[ø] comme *jeu*, *peu*
[œ] comme *heure*, *seul*
[u] comme *où*, *loup*, *vous*
[y] comme *rue*, *sur*, venu

SEMI-VOYELLES

[j] comme *soleil*, *pied*
[w] comme *oui*, *moi*
[ɥ] comme *suivre*, *lui*

NASALES

[ɑ̃] comme *danser*, *en*, *temps*
[ɛ̃] comme *fin*, *bain*, *teint*
[ɔ̃] comme *mon*
[œ̃] comme *un*, *parfum*

CONSONNES

[b] comme *bien, robe*
[d] comme *dormir, aider*
[f] comme *français, pharmacie*
[g] comme *garçon, regarder*
[k] comme *casquette, qui, kilo*
[l] comme *loi*
[m] comme *maison*
[n] comme *nouveau*
[p] comme *pardon*
[ʀ] comme *rue, mère*
[s] comme *ce, ça, sur, scier, chasse, fils, souci*
[t] comme *toi, tête*
[v] comme *vrai, va, savoir*
[z] comme *zone, vase, ozone*
[ʒ] comme *jardin*
[ʃ] comme *chien, machine*
[ɲ] comme *gagner, Espagne*

⚠ Beaucoup de personnes ne distinguent pas :
[e] de [ɛ]
[ə] de [ø]
[ɛ̃] de [œ̃]

LES CLÉS DU MESSAGE SUR RÉPONDEUR

Dans cet exercice, vous allez entendre un message extrait d'un répondeur automatique où d'une boîte vocale qui vous donne des instructions. Attention, le message est en 2 parties ! Vous aurez le choix entre plusieurs réponses.

■ Exemple

Première partie de l'enregistrement :

Transcription :
Vous êtes sur le répondeur automatique de la société Dujean. Pour contacter notre service commercial, tapez un. Pour obtenir le service du personnel, tapez deux. Pour être mis en contact avec le service technique, tapez trois. Sinon, veuillez patienter, notre standardiste vous répondra dans quelques instants. Merci.

1. Vous téléphonez à l'entreprise Dujean et vous entendez le message suivant sur le répondeur. Sur quelle touche appuyez-vous pour contacter une personne pour faire une réparation ?

Touche n° 3

La question ne comporte pas le terme « service technique », mais le mot « réparation » fait référence à un problème technique.
Attention, vous devrez simplement dire quelle est la touche sur laquelle vous devez appuyer ou quel est le mot que vous devez répéter.

Deuxième partie de l'enregistrement :

Transcription :
Si vous êtes membre de notre personnel ou en contact avec notre service, une de nos secrétaires prendra immédiatement votre appel. Si vous n'êtes pas membre de notre personnel et souhaitez déposer une candidature de stage ou d'emploi, veuillez nous écrire à l'adresse suivante info@dujean.fr ou consulter notre site Internet www.dujean.fr, où vous trouverez toutes les informations que vous désirez et un CV à compléter. Merci.

2. Si vous voulez faire un stage chez Dujean, vous devez parler avec une secrétaire.

- ☐ Vrai.
- ☒ Faux.
- ☐ On ne sait pas.

Les secrétaires répondent uniquement au personnel ou à des gens déjà en contact avec le service, mais elles ne donnent pas de renseignements. Pour cela, il faut aller sur la page Web.

3. Vous pouvez déposer votre curriculum vitae sur la page Web.

- ☒ Vrai.
- ☐ Faux.
- ☐ On ne sait pas.

La réponse est vraie parce qu'il est précise « *Si... vous souhaitez déposer une candidature... veuillez consulter note site Internet...* Il est precisé *que vous trouverez... un CV à compléter* ».
Veuillez consulter = indique que vous devez regarder la page Web.
CV = abréviation usuelle de curriculum vitae.

4. L'adresse du site Internet est :
info@dujean.fr

Lisez bien les questions : elles vous donnent des indices sur les informations et le vocabulaire que vous allez entendre.

On ne vous demande pas de tout comprendre, mais de savoir extraire les informations essentielles de plusieurs réponses possibles.

■ Exercice 1

3

Première partie de l'enregistrement :

1. Combien de départements vous pouvez contacter directement ? ....

2. Si vous ne connaissez pas le département que vous voulez contacter...

☐ vous ne pourrez pas contacter d'employés.
☐ une personne prendra votre appel.
☐ vous écouterez à nouveau le message.

Deuxième partie de l'enregistrement :

1. Orion...

☐ vend des véhicules.
☐ loue des véhicules.
☐ On ne sait pas.

2. La promotion est de...

☐ 106€
☐ 112€
☐ 110€

3. La promotion porte sur...

☐ la semaine.
☐ la fin de semaine.
☐ le premier jour de la semaine.

■ Exercice 2

1. Pour des questions administratives, vous devez dire...

☐ administration.
☐ secrétariat administratif.
☐ salle des administrateurs.

2. Pour parler avec un professeur, vous devez dire...

☐ professeur.
☐ administration.
☐ salle des professeurs.

■ Exercice 3

Le secteur de Francoligne est :

☐ a

☐ b

☐ c

LES CLÉS DU COURRIEL

Parmi les documents de compréhension des écrits, vous pouvez trouver des e-mails ou courriels. C'est une forme d'écrit très particulière. Il faut apprendre à reconnaître leur format et savoir le type de questions qu'on peut vous poser.

Quand vous recevez un courriel, vous en connaissez l'expéditeur et l'objet.

Ensuite, vous le lisez très rapidement pour savoir de quoi il s'agit (message d'un ami, rendez-vous de travail, publicité, etc.). Ensuite, vous le lisez à nouveau pour bien comprendre les détails (ce que vous demande votre ami, l'heure et l'endroit du rendez-vous, ce que vend la publicité et à quel prix).

Lors de l'examen, il vous sera demandé la même chose.

De : efleantibes@efle.com ❶
Pour : fredericblot@freestyle.fr ❷
Objet : séjour linguistique été 05 ❸
Date : 05 juin 2005 ❹

Cher Monsieur Blot,

Nous avons bien **reçu votre demande de séjour linguistique** ❺ dans notre institut et nous vous remercions de votre intérêt.
Nous vous rappelons que votre demande doit être impérativement **accompagnée d'un certificat de votre établissement scolaire** ❻ qui précisera le nombre d'heures de formation en français.
Envoyez-nous ce document le plus rapidement possible, au plus tard **avant le 15 Juin.** ❼
Dans l'attente de vos documents, recevez nos sincères salutations.

Arlette Didier
Coordinatrice des cours d'été

■ Exemple

M. Blot a reçu ce message sur son ordinateur.
Répondez aux questions.

❶ **De** indique qu'il s'agit de l'envoyeur.
❷ **Pour** indique qu'il s'agit du destinataire.
❸ Donne un indice sur le sujet du mail.
❹ La date.
❺ Indique que c'est une réponse à une demande.
❻ Dit quel document est nécessaire.
❼ Précise la date d'envoi.

1. Ce mail est...
   - ☐ une publicité pour une école
   - ☐ une demande de renseignement
   - ☒ un message personnel pour répondre à une demande

Voir « Monsieur Blot » et « Nous avons bien reçu votre demande ».

2. M.Blot...
   - ☒ à l'intention de faire un séjour en France
   - ☐ revient d'un séjour en France.

La date du courriel « 5 juin » et l'objet du courriel « séjour linguistique été 05 » sont precisés.

3. Que doit faire M. Blot ?
   ☒ Il doit envoyer un document
   ☐ Il doit demander une autorisation
   ☐ Il doit faire partie d'un établissement scolaire

Cela est indiqué dans la phrase « Envoyez-nous ce document ».

4. Il dispose d'un mois pour faire ce qu'on lui demande.
   ☐ Vrai
   ☒ Faux

Monsieur Blot dispose de 10 jours.

Justifiez votre réponse.
« Envoyez ce document au plus tard avant le 15 juin ». Date du mail « 5 juin ».

Les courriels en français fonctionnent plus ou moins de la même façon que dans votre langue. Utilisez votre expérience pour les comprendre.

Il n'est pas nécessaire de comprendre tous les mots, quelques mots clés suffisent.

N'oubliez pas de bien lire les questions. Ne vous précipitez pas ; il est préférable de prendre votre temps et de répondre correctement.

■ Exercice 1

Vous recevez ce message sur votre ordinateur :

sans titre

Envoyer | Envoyer plus tard | Ajouter des pièces jointes | Signature | Options

Salut à tous et à toutes,

Enfin, c'est la fin des cours ! Finis les exams, finis les profs, finis les devoirs, on va faire la fête !
Si ça vous dit, ce week-end, on part tous dans ma maison de campagne, on emporte à manger pour deux jours (il n'y a pas un seul magasin au village), des raquettes de tennis, de ping-pong, des ballons de foot, des jeux de cartes, votre maillot de bain (il y a une piscine !) des tas de CD et on passe notre week-end à danser et à se raconter nos projets.
Si vous voulez venir, envoyez-moi un mail et dites-moi ce que vous apportez, et surtout comment vous y allez. Un minimum d'organisation s'impose...

Bisous,

Votre organisatrice préférée.

1. Il s'agit...
   ☐ d'une lettre de votre famille.
   ☐ d'un mail d'une camarade.
   ☐ d'un message publicitaire.

2. Ce message est adressé...
   ☐ uniquement à vous.
   ☐ à vous et à d'autres.

3. Qu'est-ce qu'il est proposé de faire pendant ce week-end ? (Plusieurs réponses possibles).

- ☐ Voir des films
- ☐ Faire du sport
- ☐ Aller en discothèque
- ☐ Parler de l'avenir
- ☐ Se baigner

4. Si vous acceptez l'invitation, il faut téléphoner à l'organisatrice.

- ☐ Vrai.
- ☐ Faux.

5. L'organisatrice veut connaître le moyen de transport que vous utiliserez pour aller chez elle ?

- ☐ Vrai.
- ☐ Faux.

Justifiez votre réponse.

■ Exercice 2

Vous recevez ce courriel sur votre ordinateur.

sans titre

Envoyer | Envoyer plus tard | Ajouter des pièces jointes | Signature | Options

Vous cherchez des stages en entreprise ? Vous souhaitez compléter vos études actuelles par une meilleure connaissance du monde économique ? Vous voulez être mieux préparé pour votre future carrière professionnelle ?

La Chambre de Commerce et d'Industrie de Paris est à vos côtés.

Nous vous proposons :

- des stages de perfectionnement en informatique ;
- des stages pratiques dans des entreprises de différents secteurs, avec l'assistance d'un tuteur pour vous aider à tirer profit de cette expérience ;
- des stages linguistiques (anglais, espagnol, allemand, italien) ;
- des formations spécialisées sur différents services de l'entreprise (gestion, marketing, finances, etc.).

Pour de plus amples informations, visitez notre site www.ccip.org.

Pour vous inscrire, cliquez ici pour remplir notre bulletin d'inscription.

1. Il s'agit :

- ☐ d'une lettre de votre famille.
- ☐ d'un mail d'une camarade.
- ☐ d'un message publicitaire.

2. Ce message s'adresse...

- ☐ à des professionnels.
- ☐ à des étudiants.

3. Si vous cliquez sur www.ccip.org vous pouvez consulter des renseignements complémentaires.

- ☐ Vrai.
- ☐ Faux.

Justifiez votre réponse.

LES CLÉS POUR RÉDIGER UN TEXTE

Dans cet exercice, vous devez rédiger un petit texte de 60 à 80 mots pour raconter une expérience personnelle passée ou présente. Pour cela, vous disposez d'une série de renseignements qui vous permettent de rédiger en partie le texte.

■ Exemple

Pendant un entretien, on vous demande de rédiger un petit texte sur votre vie avec les informations suivantes :

Je suis né à Toulouse le 19 novembre 1978. À 11 ans, je suis rentré à l'école primaire. Ma mère m'a accompagné. C'était super. Comme j'ai redoublé une classe, j'ai eu mon baccalauréat seulement à 19 ans. Après mes études en école de commerce, j'ai commencé à travailler en 2003 dans une entreprise de communication. Enfin, je me suis marié à 26 ans avec Maxence qui est américaine.

(Les mots soulignés sont des éléments créatifs.)

- Utilisez bien toutes les informations que vous transmettent les images ou les textes qui les accompagnent.
- Vous devez être créatif/ive, mais n'inventez pas des histoires trop complexes, car vous pourriez avoir des problèmes de vocabulaire ou de grammaire.
- Personne ne vérifiera si l'information est vraie.
- Votre texte doit faire de 60 à 80 mots. Respectez cette indication avec +/- 10%.

■ Exercice

Vous avez fait un stage dans une entreprise, racontez votre expérience.

ENTRAÎNEMENT AU DELF A2 Partie 4 - PRODUCTION ORALE

LES CLÉS DU MONOLOGUE SUIVI

Dans cet exercice, vous devez parler de vous ou d'un sujet qui vous concerne, par exemple, d'une de vos journées habituelles, de votre ville ou de vos prochaines vacances.

■ Exemple

Écoutez David, un jeune Français qui parle de ses études.

- Il y a beaucoup d'interruptions et d'hésitations dans ses phrases. Et il est français !
- Écoutez vos amis et parents autour de vous. Vous verrez qu'ils ne finissent pas toutes leurs phrases non plus, mais vous ne vous en rendez pas compte.
- Vous avez le droit d'hésiter, de chercher un mot ou de recommencer une phrase.
- Restez calme, n'essayez pas de parler trop vite. Une bonne élocution est préférée à un rythme rapide.
- Regardez l'examinateur et souriez-lui, montrez-lui que vous avez envie de répondre à ses questions.
- Ne vous bloquez pas si vous ne trouvez pas un mot ou ne pouvez pas finir votre phrase. Recommencez.
- Si vous avez un trou et ne savez plus quoi dire, ne paniquez pas. L'examinateur vous aidera.

■ Exercice 1

Parlez de vos études avec l'un/e de vos camarades. L'un joue le rôle de l'examinateur et pose des questions et l'autre y répond. Ensuite, inversez les rôles.

Les clés pour parler de...

mes démarches 2

DANS CETTE UNITÉ, NOUS ALLONS PARLER DE DÉMARCHES ET SERVICES

Les clés pour

- **se renseigner sur un service**
- **réaliser des démarches et obtenir des services (banque, téléphonie, etc.)**
- **demander quelqu'un au téléphone**

Les clés pour bien utiliser

- **le passé récent**
- **les verbes modaux**
- est-ce que
- **les pronoms personnels COD et leur place**

Entraînement au DELF A2. Les clés

- **pour comprendre un dialogue à la radio (CO)**
- **pour comprendre des annonces et des instructions (CE)**
- **pour écrire une lettre ou un courriel (PE)**
- **de l'exercice en interaction (PO)**

lexique

ABRÉVIATIONS ADMINISTRATIVES
Pour faciliter la conversation, on préfère, dans certains cas, utiliser seulement les initiales plutôt que le mot complet. Voici quelques exemples :

CNI : carte nationale d'identité
RIB : relevé d'identité bancaire
CB : carte bleue (on ne le dit pas mais on le trouve écrit partout)
CCP : compte courant postal

LES ADMINISTRATIONS SUR INTERNET

- Pour tout connaître sur vos droits et démarches, consultez le portail de l'administration française : http://www.service-public.fr
- Si vous voulez vous installer en France, vous pouvez consulter le site du ministère des Affaires étrangères http://www.diplomatie.gouv.fr
- Pour tout savoir sur la résidence en France, le site de l'Office des Migrations Internationales (OMI) vous donne des renseignements : http://www.omi.social.fr
- Pour les étudiants, des renseignements pratiques sur les démarches à faire sont disponibles sur le portail institutionnel de la vie étudiante : http://www.cnous.fr

1 | S'installer dans un autre pays

Dans ces listes de conditions pour s'installer dans un autre pays, sélectionnez les quatre qui vous semblent les plus importantes.

Parler la langue.
Avoir le permis de conduire.
Avoir un compte en banque.
Avoir des amis.
Connaître les principales administrations.

Avoir des papiers en règle.
Avoir un contrat de travail.
Connaître la culture du pays.
Avoir un téléphone.

• *Pour moi, le plus important, c'est de connaître la culture parce que... et toi ?*

2 | Les documents des démarches

A À quelle image correspondent les documents suivants ?

.... une facture de gaz
.... une carte d'identité
.... un permis de conduire
.... un passeport
.... un relevé d'identité bancaire
.... une photo d'identité
.... un titre de transport (carte orange)

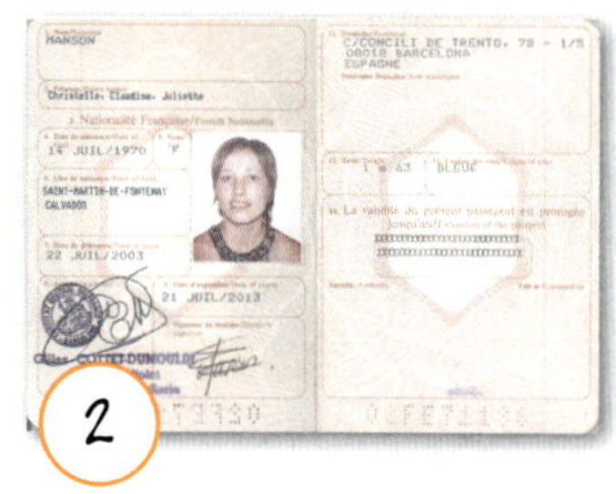

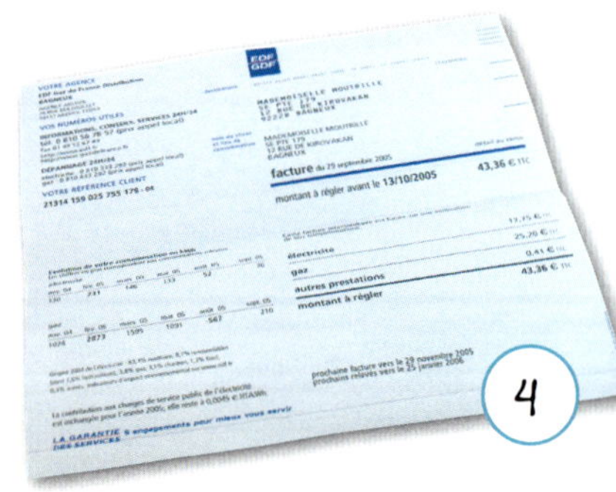

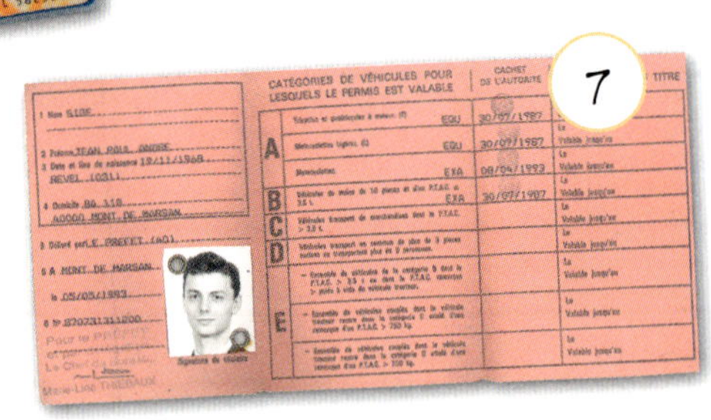

B Savez-vous quels documents de la liste sont nécessaires dans les situations suivantes ?

Pour confirmer mon adresse, je peux présenter *une facture de gaz*.
Si on me demande une pièce d'identité, je peux fournir ....
Comme titre de transport, je possède ....
Si je veux voyager, je dois présenter ....
Pour pouvoir circuler en voiture, j'ai bessoin d' ....
Si on me demande mon numéro de compte, ...

3 | Les démarches et les lieux

Lisez ces extraits de conversation. Pouvez-vous dire dans quel endroit elles ont en lieu ?

1. Vous voulez retirer cette somme de votre compte courant ou de votre compte épargne ?
2. J'ai besoin d'une photo d'identité pour faire votre carte d'abonnement mensuel.
3. Est-ce que vous avez apporté une photocopie de vos diplômes ? C'est indispensable pour ouvrir votre dossier d'inscription.
4. Vous désirez envoyer votre colis en urgent ?
5. Vous devez vous présenter au guichet au minimum une heure avant l'embarquement.
6. Il est nécessaire de fournir un certificat médical pour obtenir votre carte de séjour.

a. À l'université
b. Au bureau de renseignements du métro
c. À la mairie
d. Dans une banque
e. Dans une agence de voyage
f. À la poste

lexique

LES « HÔTELS »
Un hôtel n'est pas seulement un endroit où dormir.
On appelle aussi « hôtel » le siège de certaines administrations. Dans les grandes villes, on peut trouver :
L'Hôtel de ville = la mairie
L'Hôtel du département = la préfecture
L'Hôtel des impôts = l'administration des impôts
L'Hôtel de police = le principal commissariat de police

4 | Une journée occupée

A Victor doit faire beaucoup de choses aujourd'hui. En consultant le plan de la ville et en tenant compte de ses impératifs, quel est, selon vous, l'ordre logique dans lequel il doit faire ces actions ?

Ouvrir un compte à la Banque.
Prendre un forfait Internet haut débit (ADSL).
Acheter un téléphone portable.
Acheter des tickets de restaurant pour étudiant.
Remplir les formulaires d'une carte de séjour à la mairie.
S'inscrire à la bibliothèque universitaire.
Acheter des timbres et envoyer un colis.
Déposer son dossier au bureau des inscriptions de l'université.
Faire une demande d'abonnement mensuel du métro.
Passer chez le médecin pour un certificat médical à donner à la mairie.

* Pour ouvrir un compte, il doit avoir une carte de séjour ou présenter sa demande de carte.
* Pour son dossier de l'université, il doit donner un numéro de compte en banque.
* Pour ouvrir une ligne de téléphone, il doit présenter un RIB.
* Pour avoir Internet, il doit avoir un numéro de téléphone.
* Pour son abonnement mensuel de métro, il doit montrer sa carte d'étudiant.
* Pour aller chez le médecin, il a besoin d'un numéro de sécurité social provisoire délivré par la mairie.

À LA BANQUE VOUS POUVEZ...
ouvrir un compte.
ouvrir un plan d'épargne.
aller au distributeur automatique.
demander un extrait de compte.
déposer ou retirer de l'argent.
faire un virement.
demander une carte bleue (système de carte de crédit français).
demander un chéquier.
faire une demande de crédit.

B Victor envoie un courriel à un ami pour lui raconter sa journée.

Salut ! Ouf ! J'ai passé toute la journée à faire des démarches administratives, mais c'est fini ! En premier, je suis allé à...

lexique

L'ORGANISATION ADMINISTRATIVE DE LA FRANCE
Les personnes qui travaillent pour l'administration sont des fonctionnaires (avec les enseignants, ils forment 28% de la population active). L'État français est fortement centralisé et la plupart des administrations se trouvent à Paris. Depuis les années 80, certaines administrations ont acquis plus de pouvoir au niveau régional (le Conseil régional) et départemental (le Conseil général). Pour la ville, c'est la mairie (le Conseil municipal) qui gère les questions administratives.

5 | Êtes-vous doué/e pour les démarches ?

A Répondez aux questions et découvrez si vous êtes fait/e pour les démarches ou si, au contraire, il vaut mieux laisser ça aux autres…

Êtes-vous doué/e pour les démarches ?

1 **Quand vous voulez faire une demande administrative,**
- **a)** vous vous renseignez par téléphone pour réunir tous les documents nécessaires.
- **b)** vous vous présentez au bureau et devez y revenir plusieurs fois.

2 **Vous devez faire des démarches administratives,**
- **a)** vous trouvez tout de suite où vous devez vous adresser dans l'annuaire téléphonique.
- **b)** vous demandez à quelqu'un de chercher les renseignements pour vous.

3 **Si on vous demande de fournir un document précis,**
- **a)** vous cherchez immédiatement à l'obtenir.
- **b)** vous le notez sur un post-it et l'oubliez pendant des semaines.

4 **Vous téléphonez à une administration, mais personne ne répond.**
- **a)** Vous insistez jusqu'à obtenir une réponse, 50 fois si nécessaire.
- **b)** Vous pensez le faire un autre jour et vous mettez des semaines à obtenir votre renseignement.

5 **Pour remplir un formulaire,**
- **a)** vous avez besoin de 5 minutes et vous le faites dans l'instant.
- **b)** vous ne savez jamais quelle case cocher et vous demandez de l'aide.

6 **Quand on vous demande votre numéro de sécurité sociale ou de compte bancaire,**
- **a)** vous le dites sans hésiter parce que vous le connaissez par cœur.
- **b)** vous devez avoir un papier avec vous, vous ne pouvez pas mémoriser tous ces chiffres.

Résultats

Si vous avez une majorité de...
a : vous pouvez partir où vous voulez, vous êtes prêt/e à faire face à tout type de situation et de problème administratif. Non seulement vous êtes le roi des démarches, mais en plus vous aimez ça !
b : les démarches et les obligations administratives, ce n'est pas votre tasse de thé. Cela peut vous occasionner de petits problèmes, car l'administration n'est pas toujours très compréhensive. Faites un petit effort pour éviter les ennuis.

B Selon vos réponses, décrivez votre attitude face aux démarches dans un texte.

Je n'aime pas faire des démarches parce que… mais…

6 | Un formulaire

A Retrouvez les en-têtes du formulaire suivant :

Formulaire d'inscription

_____ : Dideron _____ : René
_____ : 1,78m _____ : 11/05/1983
_____ : Carcassonne
Pays : France _____ : Française
_____ : 34, rue du maréchal Foch
_____ : 40000 _____ : Mont-de-Marsan
_____ : 0614741188 _____ : étudiant

B Remplissez ce même formulaire avec vos propres informations.

• Nom et prénom, s'il vous plaît.
○ Je m'appelle...

7 | Réservation d'un billet d'avion

A Madame Berthin part en voyage à Naples. Elle va dans une agence de voyages pour acheter un billet d'avion. Retrouvez les questions posées par Madame Berthin (A) et par l'agent de voyage (B).

- ( ) Quand est-ce que vous pensez partir ?
- ( ) Vous voulez un aller-retour ou un aller simple ?
- ( ) Vous n'avez pas un avion plus tard ?
- ( ) Combien coûte le billet ?
- ( ) C'est avec quelle compagnie ?
- ( ) Pour quelle date ?
- ( ) Vous n'auriez pas moins cher ?
- ( ) Je vous fais le billet ou vous voulez seulement la réservation ?
- ( ) Vous paierez par chèque ou par carte ?
- ( ) À quel terminal je dois me présenter ?

lexique

LE DÉCOUPAGE ADMINISTRATIF
Le territoire national français est divisé en 26 régions, chacune comportant plusieurs départements. Il y en a en tout 100 et ils sont classés par ordre alphabétique. Par exemple le département du Finistère porte le numéro 29, celui de Paris, le 75. On retrouve ce numéro sur les plaques d'immatriculation des voitures.

B Utilisez ces questions pour faire un dialogue avec les informations ci-dessous ou d'autres que vous inventerez.

Les vols se font avec la compagnie Air France (AF) et l'aéroport à Paris est l'aéroport Charles de Gaulle (CDG).

VOL AF 542 : PARIS CDG (TERMINAL 2E) / NAPLES CAPODICHINO (TERMINAL 2) : 22H50 / 00H45

VOL AF 553 : PARIS CDG (TERMINAL 2E) / NICE CÔTE D'AZUR / NAPLES CAPODICHINO (TERMINAL 2) : 16H20 / 20H15

VOL AF 228 : NAPLES CAPODICHINO (TERMINAL 2) / PARIS CDG (TERMINAL 2E) : 06H55 / 08H50

VOL AF 232 : NAPLES CAPODICHINO (TERMINAL 2) / NICE CÔTE D'AZUR / PARIS CDG (TERMINAL 2E) : 14H25 / 18H40

ALLER-RETOUR DIRECT PARIS CDG / NAPLES CAPODICHINO : 295 €

ALLER-RETOUR PARIS CDG / NAPLES CAPODICHINO AVEC CHANGEMENT À NICE : 165 €

(A) Bonjour.
(B) Bonjour, je voudrais un billet pour Naples...

LA PAPERASSE
La paperasse, c'est-à-dire les papiers ou documents administratifs, sont nombreux en France. Il faut beaucoup de documents pour effectuer toutes les démarches administratives. Mais quand un agent dans la rue vous dit : « Vos papiers, s'il vous plaît ! », vous devez présenter une carte d'identité, un passeport ou une carte de séjour.

En France, une personne qui ne possède pas ces papiers est appelée « sans papier » et elle est considérée comme étant en situation illégale.

Si vous circulez en voiture ou en moto, on peut vous demander les papiers du véhicule : c'est le permis de circulation (carte grise) et l'assurance.

8 | Les pronoms complément d'objet direct (1)

A Associez chacune de ces phrases à l'un des mots suivants :

le passeport — la carte nationale d'identité
le permis de conduire — les démarches administratives

Vous devez le présenter à la frontière. C'est ....
Si vous l'avez, vous pouvez conduire une voiture : ....
Vous devez la montrer en cas de contrôle d'identité : ....
Vous pouvez les réaliser auprès du consulat de France : ....

B Devinettes. Sur le modèle de l'exercice précédent, rédigez quatre devinettes avec leur solution. Vous devez choisir des mots de la rubrique lexique de cette unité.
On peut la demander pour justifier votre adresse. *C'est la quittance de gaz.*

- *On peut la demander pour justifier votre adresse.*
- *Euh, je ne sais pas, le permis de conduire ?*
- *Non, j'ai dit LA demander !*

9 | Les pronoms compléments d'objet direct (2)

Voici l'extrait d'une conversation téléphonique entre un fonctionnaire de préfecture et Denis. Complétez ce dialogue avec les pronoms COD qui conviennent.

- Qu'est-ce je dois faire pour renouveler ma carte d'identité ?
- Pour ______ renouveler, vous devez apporter votre ancienne carte.
- On me ______ a volée mais je peux apporter la déclaration de vol.
- D'accord. Vous devez aussi m'apporter deux photos.
- Vous ______ voulez en couleur ou en noir et blanc ?
- En couleur et de face. N'oubliez pas d'apporter aussi un justificatif d'identité.
- Et où je peux ______ demander ?
- À la mairie de votre lieu de naissance. Et vous devez aussi remplir le formulaire E110 et ______ signer.
- Est-ce qu'une autre personne peut apporter tous ces papiers. Parce que je travaille...
- Désolé, vous devez venir ______ apporter personnellement.
- D'accord. Merci, Monsieur. Au revoir.

10 | Les verbes modaux (1)

Complétez les phrases suivantes selon le modèle.
Utilisez les verbes **devoir**, **pouvoir**, **vouloir.**

Si vous voulez obtenir une réduction, *vous devez demander une carte de fidélité.*
Pour entrer gratuitement dans un musée, ...
Pour obtenir deux entrées de cinéma, ... ou ....
Avant d'assister au cours de l'université, ...
.........., remplissez une demande de bourse Erasmus.
Si vous avez perdu vos papiers, ...

11 | Le passé récent

A Lisez ce courriel que Sandrine a écrit à Claudine, puis cochez les réponses qui conviennent.

À claudine@cigro.net

Objet Salut !

Salut Claudine,

Bientôt la rentrée ? Hier, je suis allée à l'université pour mon inscription mais je n'ai pas encore ma carte d'étudiant. Ah, et puis j'ai profité du trajet pour aller au club de sport et renouveler mon abonnement. Comme tu le sais, je veux changer de studio, alors j'ai appelé ce matin pour une petite annonce. Je vais visiter l'appartement demain matin. On se voit samedi ?

À+

Sandrine

Son inscription à l'université :
- X Elle vient de la faire.
- ☐ Elle ne l'a pas faite.

Son studio :
- ☐ Elle vient de changer.
- ☐ Elle n'a pas changé.

Sa carte d'étudiant :
- ☐ Elle vient de l'avoir.
- ☐ Elle ne l'a pas encore.

Une annonce immobilière :
- ☐ Elle vient d'appeler.
- ☐ Elle n'a pas appelé.

Son abonnement au club de sport :
- ☐ Elle vient de le renouveler.
- ☐ Elle ne l'a pas renouvelé.

La visite de l'appartement :
- ☐ Elle vient de la faire.
- ☐ Elle ne l'a pas faite.

B Rapportez le contenu de ce courriel. Utilisez l'expression **venir de**.

Sandrine vient d'envoyer un courriel à Claudine pour lui dire qu'elle...

LE VERBE **VENIR** AU PRÉSENT DE L'INDICATIF
Je viens
Tu viens
Il/elle/on vient
Nous venons
Vous venez
Ils/elles viennent
(P.P. : venu)

grammaire

12 | Les verbes modaux (2)

Un étudiant se rend à la poste pour envoyer une lettre recommandée. Complétez les phrases avec les verbes **devoir**, **pouvoir** ou **vouloir**.

- Bonjour Madame, je ________ envoyer une lettre recommandée. Est-ce que vous ________ me dire ce que je dois faire ?
- ○ Eh bien, c'est très facile. Vous ________ tout d'abord remplir cette fiche. Indiquez très clairement l'adresse du destinataire dans cet encadré et la vôtre dans celui-ci du haut.

- Est-ce que vous ________ me dire combien ça coûte ?
- ○ Ça dépend. C'est pour quel pays ?
- Non, c'est pour la France. Je ________ l'envoyer à l'Université de Grenoble.
- ○ Regardez, ici vous avez les tarifs pour la France. Mais vous ________ aussi envoyer un recommandé par Internet, vous savez ?

- Ah non, est-ce que vous ________ m'expliquer comment je ________ utiliser ce service.
- ○ Bien sûr. Tenez, vous trouverez toutes les explications dans ce dépliant.
- Merci, beaucoup. Au revoir.
- ○ Au revoir.

DU OU DÛ
Question d'orthographe. Le participe passé de devoir est **dû** (avec un accent circonflexe ^) pour ne pas le confondre avec l'article prépositionnel **du**.
*J'ai **dû** étudier tout le week-end.*
*J'ai **du** travail ce week-end.*
Il y a d'autres mots qui prennent un accent pour permettre de ne pas les confondre : **a** (avoir) et **à** (préposition) ; **ou** (conjonction) et **où** (adverbe de lieu).

13 | L'interrogation (1)

Réécrivez ces questions avec **est-ce que** ou **qu'est-ce que**.

Où se trouve la Poste ? *Où est-ce que se trouve la poste, s'il vous plaît ?*
Où on achète des timbres ?
Comment je fais pour m'inscrire à l'université ?
Pourquoi il faut apporter deux photos de face ?
C'est quoi la « CNI » ?
Quand commencent les cours ?
Vous acceptez les paiements par carte ?
Quel moyen de transport vous prenez ?

CARTES DE PAIEMENT
Ces dernières années, la France a commencé à faire comme le reste de l'Europe : elle utilise plus de cartes de paiement et moins de chèques. Mais ce moyen de paiement reste très utilisé. Ainsi, 80% des chèques émis dans la zone euro en 2003 ont été des chèques français. Les Français ont l'habitude de payer par chèque un grand nombre de leurs achats, comme au supermarché ou au restaurant.

14 | L'interrogation (2)

Martine est allée se renseigner sur les services offerts par la bibliothèque municipale. Écrivez les questions.

S inscrire à la bibliothèque municipale,
c est simple et gratuit !

● ?
○ Vous allez aussi pouvoir emprunter des CD, des DVD…
● ?
○ Pour les livres, trois semaines.
● ?
○ Bien sûr qu'il y a des activités culturelles.
● ?
○ Si vous avez une adresse électronique, vous allez recevoir le calendrier de ces activités tous les mois avec notre bulletin.
● ?
○ Non, vous n'êtes pas obligée de venir. Vous pouvez regarder si nous avons le livre sur notre site Internet.
● ?
○ Vous devez écrire votre nom et choisir un mot de passe.
● ?
○ N'oubliez pas d'apporter une photo d'identité et 30 euros.
● ?
○ Effectivement, c'est gratuit, mais cet argent sert de caution en cas de perte ou de dégradation du matériel.

15 | L'interrogation (3)

Vous voulez obtenir la carte « Fidélité » d'une compagnie de téléphonie mobile. Écrivez (seul/e ou avec un camarade) le dialogue entre vous et le vendeur. Pour écrire le texte, aidez-vous des informations ci-dessous.

La carte Fidélimouv' : Des appels qui donnent des points que le titulaire de la carte peut convertir en places de cinémas, CD, voyages, etc.
Conditions : Avoir plus de 12 ans / Inscription gratuite
Demande de carte : fidelimouv@telephonis.fr
Consultation des points : www.fidelimouv.fr
Information sur les points obtenus : www.fidelimouv.fr/carte/consultationpoints.html

● *Bonjour, est-ce que vous pourriez m'expliquer comment je peux… ?*
○ *Bien sûr.*

Parce que et pour

- **parce que** + VERBE sert à exprimer une **cause**.
  *Je suis venu en France **parce que** j'ai obtenu une place dans une université française.*
- **pour** + INFINITIF sert à exprimer un **but**, un objectif.
  *Je suis venu en France **pour** découvrir la culture française.*

Les verbes modaux

- Les verbes modaux servent à marquer l'obligation (**devoir**), la possibilité (**pouvoir**) ou la volonté (**vouloir**).

- Le verbe est conjugué au temps approprié (présent, passé composé, etc.) et il est suivi du verbe principal.

- Ce sont des verbes à 3 bases :

	DEVOIR	POUVOIR	VOULOIR
je	dois	peux	veux
tu	dois	peux	veux
il/elle/on	doit	peut	veut
nous	devons	pouvons	voulons
vous	devez	pouvez	voulez
ils/elles	doivent	peuvent	veulent
	(P.P. dû)	(P.P. pu)	(P.P. voulu)

- Ces verbes sont souvent utilisés au conditionnel, par exemple pour demander un renseignement ou un service, ainsi que pour donner un conseil.

	DEVOIR	POUVOIR	VOULOIR
je	devrais	pourrais	voudrais
tu	devrais	pourrais	voudrais
il/elle/on	devrait	pourrait	voudrait
nous	devrions	pourrions	voudrions
vous	devriez	pourriez	voudriez
ils/elles	devraient	pourraient	voudraient

*Vous **devriez** poser la question au guichet.*
(Donner un conseil)
*Est-ce que vous **pourriez** me dire où se trouve la poste ?*
(Demander un renseignement)
*Je **voudrais** m'inscrire.*
(Solliciter un service)

Les pronoms compléments d'objet direct

	SINGULIER		PLURIEL
	MASCULIN	FÉMININ	
1ère p.	**me**	**me**	**nous**
2ème p.	**te**	**te**	**vous**
3ème p.	**le / l'**	**la / l'**	**les**

- *Tu **me** vois ?*
- *Oui, je **te** vois.*

- *Vous avez pris les documents ?*
- *Oui, je **les** ai pris.*

- Les pronoms compléments d'objet direct servent à remplacer un mot ou un groupe de mots qui a été mentioné dans la phrase pour éviter une répétition inutile.
  *Voici le formulaire. Vous devez **le** remplir ~~ce formulaire~~.*

En général, le pronom COD précède le verbe conjugué :
- *Vous prenez toujours ce bus ?*
- *Oui, je **le** prends tous les matins.*

Avec un verbe à l'infinitif, le pronom COD est placé devant ce verbe :
- *Vous avez le formulaire 223 ?*
- *Oui, je viens de **le** remplir.*

- *Tu peux acheter ma carte d'abonnement de ce mois-ci, s'il te plaît ?*
- *Bien sûr, je peux **l'**acheter cet après-midi si tu veux.*

Les questions avec est-ce que ou qu'est-ce que

- Les questions avec **est-ce que** sont une forme habituelle en français standard, à l'oral comme à l'écrit.
  Avez-vous apporté les photos ?
  Vous avez apporté les photos ?
  ***Est-ce que** vous avez apporté les photos ?*

- La forme **est-ce que** peut être utilisée avec toutes les formes interrogatives **où, quand, comment, pourquoi, quel/quelle/quels/quelles** + NOM.
  ***Où** habitez-vous ? → **Où est-ce que** vous habitez ?*
  ***Quelle** filière avez-vous choisie ? → **Quelle** filière **est-ce que** vous avez choisie ?*

- Si la question porte sur l'objet, on utilise **qu'est-ce que**.
  ***Qu'est-ce que** vous faites ?*
  ***Qu'est-ce que** vous dites ?*

Le passé récent

Le passé récent se forme à partir du verbe VENIR + **de** + INFINITIF.
Cette forme indique une action qui a eu lieu dans un passé très proche.
- *Tu as lu le dernier livre de Philippe Delerm ?*
- *Oui, **je viens de le finir.***

16 | Les clés pour faire la différence entre [y], [i] et [u]

A Dites si vous entendez le son [y] comme dans **rue**, [i] comme dans **riz** ou [u] comme dans **roue**.

	[y]	[i]	[u]
1			
2			
3			

B Cochez la phrase que vous entendez.

[y]
- ☐ C'est la vue !
- ☐ Il est pur.
- ☐ Il faut le dur.
- ☐ Voilà les pulls.

[i]
- ☐ C'est la vie !
- ☐ Il est pire.
- ☐ Il faut le dire.
- ☐ Voilà les piles.

[y]
- ☐ Votre veste est dessus.
- ☐ Vous êtes sûr ?
- ☐ Les enfants sont purs.
- ☐ C'est vu !

[u]
- ☐ Votre veste est dessous.
- ☐ Vous êtes sourd ?
- ☐ Les enfants sont pour.
- ☐ C'est vous !

C Écoutez et complétez les phrases.

Prends cette r___ quand tu sors !
Mesdames, Messieurs, vous avez 15% de réduction sur les p___ .
Ne cherche plus ! Le crayon est dess___ .
Séverine, t___ va bien ?
Votre v___ s'améliore, alors cessez de vous plaindre !
Tu crois qu'il a d___ « charme » ?

D Écoutez ces questions et répondez-y affirmativement, puis vérifiez votre prononciation.

Vous êtes partie en vacances en août ?
Oui, je suis partie en vacances en août.

Vous avez vécu une vie intense ?
Vous avez lu un livre d'Émile Zola ?
Vous êtes sortie le week-end dernier au ciné ?
Vous avez couru un marathon ?
Vous avez pu aider des camarades en français ?
Vous avez conduit une voiture ?
Vous avez bu de l'Orangina ?
Vous avez vu le Futuroscope ?
Vous êtes assise sur un trône ?

LES CLÉS POUR COMPRENDRE UN DIALOGUE À LA RADIO

Dans cet exercice, vous est demandé de comprendre le thème et l'idée principale d'un petit extrait d'une conversation radiophonique.

Quand vous écoutez une conversation à la radio dans votre langue maternelle, vous n'entendez pas nécessairement tous les mots. Vous retenez le principal. Pour l'examen, on ne vous en demande pas plus. Une compréhension globale est suffisante.

■ Exemple

Écoutez et répondez aux questions.

Transcription :

- *Bienvenue sur notre émission « La vérité ». Le thème d'aujourd'hui : les Français et l'éducation supérieure. Pour nous en parler, nous avons ici avec nous notre invitée Angela Vernon, professeur à la Sorbonne. Alors Madame Vernon, d'après les sondages, de plus en plus de jeunes s'inscrivent à l'université ?*
- ❍ *Oui, en effet. Les inscriptions ont fortement augmenté ces dernières années et le monde de l'éducation universitaire a de plus en plus de poids.*
- *Et à quoi est due cette nouvelle tendance des jeunes français ?*

1. Il s'agit d'un extrait de radio. Pensez-vous que c'est...
- ☐ un débat.
- ☒ une émission avec invité.
- ☐ des informations.

On entend dans la présentation : « bienvenue sur notre émission / avec nous notre invitée ».

2. Comment s'appelle l'émission ?
- ☒ La vérité.
- ☐ Le thème d'aujourd'hui.
- ☐ Les Français et l'éducation supérieure.

Le présentateur dit « Bienvenue sur notre émission La vérité ».

3. Angela Vernon travaille dans le secteur de l'enseignement.
- ☒ Vrai
- ☐ Faux

Dans la présentation on entend « notre invitée, Angela Vernon, professeur ».

4. Les inscriptions sont :
- ☒ plus nombreuses qu'il y a quelques années.
- ☐ moins importantes qu'il y a quelques années.

Dans l'enregistrement, Angela Vernon déclare : « les inscriptions ont fortement augmenté ces dernières années ».

- Identifiez les différents locuteurs par leur voix.
- Lisez bien les questions avant l'écoute. Elles vous fournissent du vocabulaire et des indices sur ce que vous allez entendre.
- Restez calme. Ce que vous n'avez pas compris à la première écoute, la deuxième écoute vous permettra de le comprendre.

■ Exercice 1

Écoutez et répondez aux questions en cochant la bonne réponse.

1. Il s'agit...
   - ☐ d'un débat.
   - ☐ d'une message publicitaire.
   - ☐ d'un bulletin d'information.

2. La carte s'appelle...
   - ☐ carte club.
   - ☐ carte réduction.
   - ☐ carte campus.

3. Qu'est-ce qu'on peut faire avec la carte ?
   - ☐ On peut avoir des réductions.
   - ☐ On peut manger au restaurant.
   - ☐ On peut trouver un logement.

4. Comment peut-on obtenir sa carte ?
   - ☐ Il faut donner sa carte d'étudiant et un justificatif de domicile.
   - ☐ Il faut donner sa carte d'étudiant et son numéro de compte bancaire.
   - ☐ Il faut donner sa carte d'étudiant et 50 euros.

■ Exercice 2

Écoutez et répondez aux questions en cochant la bonne réponse.

1. Le thème général de la conversation concerne...
   - ☐ les entreprises.
   - ☐ les banques.
   - ☐ les particuliers.

2. La première personne pense que...
   - ☐ les banques sont plus sûres qu'avant.
   - ☐ les banques sont moins sûres qu'avant.

3. La femme trouve que...
   - ☐ c'est cher.
   - ☐ ce n'est pas cher.

4. Les deux interlocuteurs...
   - ☐ sont d'accord.
   - ☐ ne sont pas d'accord.

■ Exercice 3

Écoutez et répondez aux questions en cochant la bonne réponse.

1. Il s'agit...

- ☐ d'un bulletin d'information.
- ☐ d'un débat.
- ☐ d'un message publicitaire.

2. De quoi traite l'enregistrement ?

☐ a

☐ b

☐ c

3. On dit que la communication est difficile...

- ☐ pour le secteur public.
- ☐ pour le secteur privé.
- ☐ pour le secteur commercial.

LES CLÉS POUR COMPRENDRE DES ANNONCES ET DES INSTRUCTIONS

Dans cet exercice, vous allez lire des annonces ou des instructions. Vous devrez comprendre le message qu'elles transmettent.

D'abord, identifiez le type d'annonce ou d'instructions. Elles peuvent : **autoriser, obliger, interdire, conseiller, déconseiller**, etc. Ensuite cherchez à comprendre à quel thème elles font référence.

■ Exemple

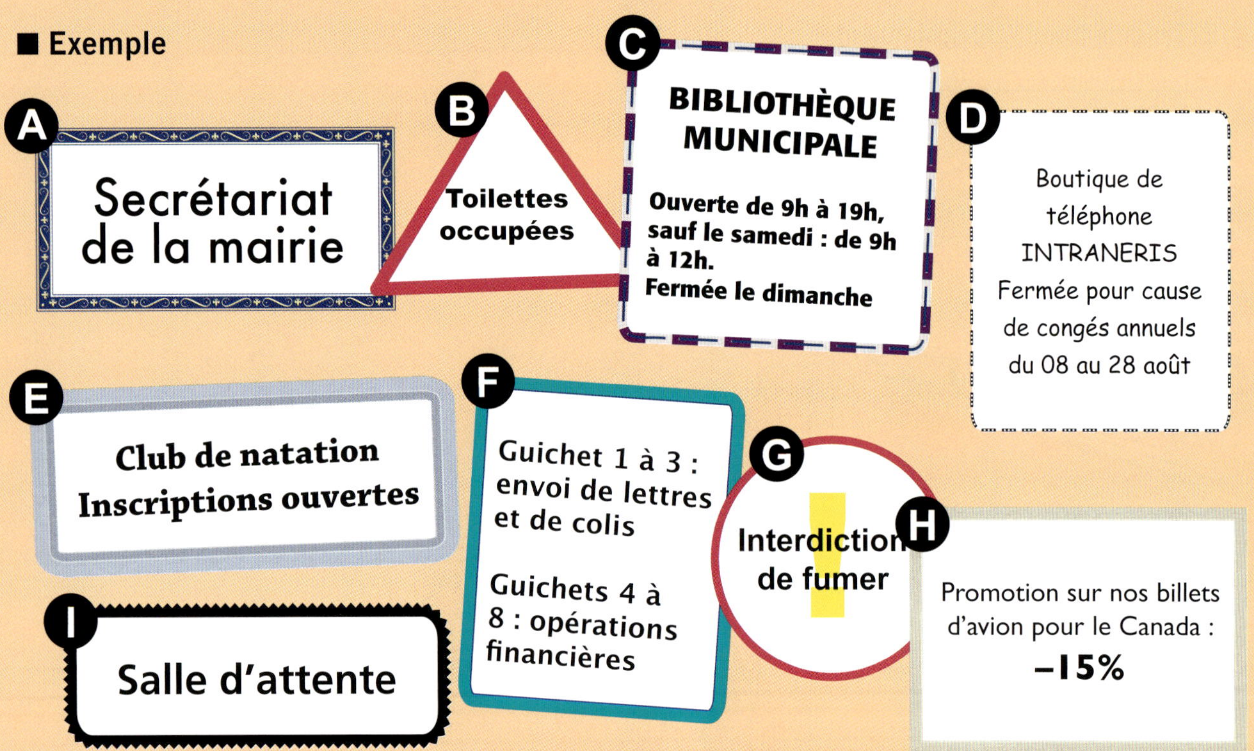

Indiquez à quelle annonce font référence les phrases suivantes.

		Voici les références communes entre la phrase et l'annonce ou l'instruction qui lui correspond :
1. On peut s'inscrire pour nager.	E	« inscrire » : inscription ; « nager » : natation
2. On peut partir en Amérique du Nord et payer moins cher.	H	« Amérique du Nord » : Canada ; « payer moins cher » : promotion
3. On ne peut pas y aller pour acheter un portable.	D	« portable » : téléphone ; « pas y aller » : boutique fermée
4. On peut emprunter des livres le week-end.	C	« emprunter des livres » : bibliothèque ; « week-end » : samedi
5. Il est possible de faire des démarches.	A	« démarches » : secrétariat
6. On ne peut pas allumer une cigarette.	G	« cigarette » : fumer

- Les questions jouent souvent sur des synonymes.
- L'utilisation de négations ou d'affirmations dans les phrases n'est pas importante. C'est le thème qui est important.
- Vous pouvez trouver des instructions ou annonces sur des panneaux, dans des modes d'emploi, des règlements, des règles du jeu, etc.

■ Exercice 1

1. À quel thème font référence les panneaux suivants ?

A Terrain de football ouvert partir de 07h00.

B Enregistrement des bagages

C Secrétariat universitaire fermé. Veuillez vous rendre au bureau A011.

D Accessoires de téléphone : -25%

E Ligne d'autobus n°15

F Danger ! Risque d'explosion

G File d'attente pour les demandes de carte d'identité

H Demandes de crédit

Sport		Transports	
Avion		Sécurité	
Université		Mairie	
Communications		Banque	

2. Pour les phrases 1 à 5, indiquez dans le tableau la lettre correspondante.

1. Il est possible de faire du foot de bonne heure.	
2. Il n'est pas possible d'aller à ce bureau pour remplir un formulaire pour ses études.	
3. On peut prendre un bus.	
4. On peut demander sa carte d'identité.	
5. Il faut y laisser ses valises avant de prendre l'avion.	

LES CLÉS POUR ÉCRIRE UNE LETTRE OU UN COURRIEL

Parmi les écrits à produire, vous pouvez trouver des lettres personnelles ou éventuellement des courriels. Ce sont deux formes différentes de rédaction, mais elles ont beaucoup de points en commun. Nous verrons principalement la structure de la lettre.

Attention, le courriel est plus informel que la lettre. Il peut comporter des abréviations, des petits symboles comme ☺ ou ;-) et bien sûr, il n'est pas nécessaire d'indiquer la date ou le lieu.

Clermont-Ferrand, — **lieu d'où la lettre est écrite**
le 18 janvier 2006 — **date**

Michel, — **destinataire**

J'espère que tout va bien pour toi depuis les vacances. Finalement, qu'est-ce que tu fais en ce moment ? Tu travailles ou tu continues tes études ?
Tu te rappelles de notre conversation sur les administrations en France ? En fait, j'ai besoin de faire quelques démarches et j'aimerais que tu m'envoies ta liste d'adresses de sites administratifs sur Internet.
Tu peux me l'envoyer par courriel ? Mon adresse électronique : hectorperrin@yahoo.fr.
Merci d'avance.

À bientôt, — **formule de prise de congé**

Hector — **signature**

- N'oubliez pas de commencer votre carte avec une formule de salutation : **Chers tous** (pour toute la famille) ; **cher** + prénom masculin / **chère** + prénom féminin // **Salut** + prénom.
- N'oubliez pas la virgule (,) après la salutation : **Chers grand-mère et grand-père,**
- Pensez à prendre congé avec une formule simple : **je t'/vous embrasse**, **Grosses bises**, (surtout pour la famille), **À bientôt**, **Bises**, **Tchao.**
- Votre texte doit faire de 60 à 80 mots (respectez cette indication avec +/- 10%).

■ **Exercice**

Complétez la lettre ci-dessous.

....

....

Je suis enfin arrivé à .... après un voyage interminable. La ville a l'air sympa mais pour l'instant mon programme, c'est faire le tour des administrations.
Je dois faire une demande de logement pour l'année scolaire, demander un permis de séjour, m'inscrire à la bibliothèque ... Je déteste faire des démarches, mais bon ... c'est comme ça.
Je t'écrirai quand je serai un peu plus installé.

....

ENTRAÎNEMENT AU DELF A2 Partie 4 - PRODUCTION ORALE

LES CLÉS DE L'EXERCICE EN INTERACTION

Dans cet exercice, vous allez simuler une situation ou jouer un rôle de la vie quotidienne. Vous devez simuler un dialogue pour obtenir un objet ou un service, accepter ou refuser une invitation, organiser une activité, échanger des informations, etc. L'examinateur va vous expliquer la scène et vous servira de partenaire. L'exercice dure de 3 à 5 min.

■ Exemple

- *Bonjour Madame.*
- ○ *Bonjour. Que désirez-vous ?*
- *Je voudrais trouver un club de natation.*
- ○ *Bien sûr. Voilà une liste.*
- *Merci.*
- ○ *Vous habitez à Orléans ?*
- *Oui.*
- ○ *Alors, vous pouvez bénéficier de réductions sur les inscriptions.*
- *Ah ! Et qu'est-ce que je dois faire ?*
- ○ *Il vous faut un justificatif de domicile.*
- *Pardon, je n'ai pas bien compris...*
- ○ *C'est très simple. Un justificatif de domicile, c'est, par exemple, une facture d'eau, de gaz ou d'électricité qui indique votre nom.*
- *D'accord. Et je dois remplir quelque chose ?*
- ○ *Oui. Vous devez remplir l'imprimé A-387-ST.*
- *Excusez-moi, vous pouvez répéter, s'il vous plaît ?*
- ○ *Oui, naturellement : A-387-ST.*
- *Merci. Et, je peux le remplir chez moi ?*
- ○ *Bien sûr.*
- *C'est tout ?*
- ○ *Non, j'ai oublié de vous dire qu'il faut la photocopie de votre carte d'identité, passeport ou permis de conduire.*
- *Très bien.*
- ○ *Voilà. Et comme ça vous aurez une carte de la mairie qui vous donne droit à de nombreuses réductions.*
- *Parfait. Je remplis la feuille et je reviens la semaine prochaine. Merci beaucoup Madame.*
- ○ *De rien. Au revoir.*
- *Au revoir.*

Saluez votre examinateur (vous jouez une scène) : **Bonjour, Monsieur / Madame.**

Ne serrez pas la main de votre examinateur.

N'oubliez pas qu'avec les personnes que vous ne connaissez pas, vous devez utiliser systématiquement **vous.**

Dans une boutique, ponctuez vos questions de **s'il vous plaît** et n'oubliez pas de dire **merci** quand on vous donne l'objet ou quand on vous rend la monnaie.

Vous ne pouvez pas prévoir toutes les questions. Ce n'est pas un problème. L'examinateur va apprécier votre capacité de réaction. Vous devez :

- Savoir demander si vous n'avez pas compris (**excusez-moi**, **je n'ai pas (bien) compris votre question** / **excusez-moi**, **est-ce que vous pouvez répéter** (la phrase, le prix...), **s'il vous plaît ?** / **pardon** ? **...**
- Remercier pour la répétition ou l'explication : **merci (bien)** / **merci, c'est gentil.**
- Demander, si nécessaire, de parler plus lentement : **est-ce que vous pouvez parlez plus lentement, s'il vous plaît ?**

Ces petites phrases seront appréciées et montreront votre capacité à faire face à une situation et à dépasser les difficultés de langue que vous pouvez rencontrer.

À la fin de la scène, n'oubliez pas de conclure avec une formule appropriée : **Merci, Monsieur / Madame, au revoir**.

Dans l'examen, vous ne jouerez jamais le rôle du marchand ou de l'employé. Mais vous pouvez vous entraîner avec un/e camarade à faire les deux rôles.

Exercice 1

Vous voulez ouvrir un compte en banque. Vous demandez les documents nécessaires et la somme d'argent que vous devez déposer. Vous êtes aussi intéressé/e par un plan d'épargne. Vous demandez le taux d'intérêt et la fréquence de dépôt.

Entraînez-vous avec votre professeur ou avec un/e camarade.

Exercice 2

Vous venez de vous installer et vous avez beaucoup de démarches à faire. Vous voulez organiser votre journée avec votre petit/e ami/e pour savoir quelles sont les démarches que chacun fera.

Il faut :
- demander une ligne de téléphone,
- s'inscrire tous les deux dans une salle de sport et
- envoyer un colis à la mère de votre petit/e ami/e.

Entraînez-vous avec votre professeur ou avec un/e camarade.

Les clés pour parler de...
mes amis 3

DANS CETTE UNITÉ, NOUS ALLONS PARLER DE NOS AMIS ET DE RÉUNIONS AVEC EUX

Les clés pour

- **parler d'une réunion entre amis**
- **proposer, accepter et refuser des invitations**
- **présenter, décrire et comparer des personnes**
- **demander et donner un avis ou une impression**

Les clés pour bien utiliser

- **l'imparfait**
- **les pronoms personnels COI**
- **les pronoms relatifs** que **et** qui
- **la place des adjectifs et quelques adjectifs irréguliers**
- **les pronoms démonstratifs**

Entraînement au DELF A2. Les clés

- **pour comprendre un extrait de radio (un intervenant) (CO)**
- **pour comprendre un extrait de presse (CE)**
- **pour écrire une lettre ou un courriel (PE)**
- **pour l'entretien dirigé (PO)**

lexique

LES RELATIONS
- **Les proches** = les personnes avec qui on a une relation intime : *la famille, les amis, les copains ou les copines, la femme ou le mari, le petit ami ou la petite amie*, etc.
- **Les connaissances** = les personnes avec qui on n'a pas une relation intime : *les collègues, les voisins*, etc.

un copain = un ami

LES SOIRÉES
Les Français aiment les soirées à thème. Parfois, ce sont des soirées déguisées ou des soirées qui leur rappellent leur jeunesse (*soirée années 60* ou *soirée Casimir* –du nom d'un personnage célèbre d'une émission pour enfants des années 70–) ou encore des soirées autour d'un plat gastronomique (crêpe, raclette, fondue, dégustation de vins, etc.). Tout est prétexte à faire la fête ou à se réunir ! On dit qu'on va se faire une soirée-crêpes, une soirée-raclette, etc.

1 | Les relations

Donnez le nom d'un/e ami/e, d'un/e collègue et d'une personne de votre famille, puis parlez des activités que vous aimez faire avec chacun d'entre eux.

aller en boîte · partir en week-end · jouer à des jeux de société · aller boire un verre · discuter · faire des courses · se promener · aller au cinéma · faire du sport · sortir au restaurant · partir en voyage · faire un devoir ou un travail ensemble

Avec mon ami Henri, j'aime bien aller au cinéma : on adore les films d'horreur.

• Moi, avec mon ami Henri, j'aime bien aller au cinéma voir un film d'horreur. Et toi, qu'est-ce que tu aimes faire avec tes amis ?

2 | Accepter ou refuser une invitation

A Complétez ce dialogue avec les expressions suivantes.

je suis désolé · on se retrouve à quelle heure · ça te dit · d'accord · pas de problème · c'est impossible · avec plaisir · volontiers · tu as un problème

• Salut ! Ça te dit de venir à l'anniversaire de Paul ?
○ Oui, __________, mais c'est quand ?
• Samedi.
○ Ce samedi ?
• Oui. Pourquoi, __________ ?
○ Ben, __________ mais samedi soir, je ne peux pas. Pour une prochaine fois peut-être.
• Mais tu sais, c'est dans la journée, pas le soir.
○ Ah bon, alors __________ !
• Et tu sais où il habite ?
○ Non !
• À Revel.
○ C'est où ça ?
• À 50 km d'ici.
○ Alors là, __________. Je ne pourrai pas, je n'ai pas de voiture.
• Mais moi, j'irai en voiture. Je t'emmène ?
○ __________. Et __________ ?
• À 11heures, comme ça on arrivera juste pour le repas. Tu es d'accord ?
○ __________ ! Et il faut amener quelque chose ?
• Ben, il ne m'a rien dit, mais je peux lui demander.
○ Ok. Et bien à samedi !
• À samedi !

B Écrivez avec un/e camarade un dialogue où vous invitez un ami à une fête déguisée le week-end prochain. Vous trouverez les renseignements sur le mail d'invitation (Attention, votre ami n'est pas forcément d'accord pour tout).

Sujet : Invitation

Salut à tous !
Super soirée « Martiens » !
Venez tous déguisés chez moi (rue Marceau au numéro 10) samedi 4 novembre à partir de 20h30. N'oubliez pas d'amener un plat de martien (quiche, pizza ou salade) et une boisson martienne.
Je vous attends tous. À samedi !

• Salut ! Écoute, ça te de dit de...

3 | Le portrait physique

A Retrouvez sur l'image la personne à qui correspondent les descriptions suivantes.

A. LE PROFESSEUR DE MATHS. Il est vieux, avec une moustache, élégant et chauve. Il a l'air drôle.

B. MARINA. Elle est un peu grosse avec les cheveux noirs longs et frisés. Elle a un grand nez. Elle porte des vêtements très classiques et elle a l'air strict.

C. CLAUDINE. Elle est mignonne, mince, grande et avec les cheveux blonds et raides. Elle porte des vêtements à la mode et a l'air sympa.

D. JEAN-JACQUES. Il est roux, il est plutôt petit et pas très beau. Mais il est en forme. En général, il a un look sportif et donne l'impression d'être toujours distrait.

E. ANNETTE. Elle est jolie, très mince, petite et avec les cheveux blonds et courts. Elle a les yeux marron et elle sourit tout le temps.

lexique

LES VÊTEMENTS
une chemise
un chemisier
un tee-shirt
un pantalon
une jupe
une robe
une (paire de) chaussure(s)
une (paire de) chaussette(s)
un pull
une veste
un blouson
un manteau
un chapeau
un maillot de bain

B Décrivez physiquement trois camarades de classe.

Daniel est...

4 | Adjectifs positifs / négatifs

A Faites comme les Français, n'utilisez pas d'adjectifs négatifs. Complétez les phrases suivantes avec les adjectifs suivants.

beau/belle   détendu/e   gai/e   doux/douce   super   intéressant/e
flexible   chaleureux/chaleureuse   intelligent/e   généreux/ généreuse

- Il est **moche** cet appartement. — ❍ En effet, il n'est pas *beau*.
- Ce film est **nul**. — ❍ C'est vrai, il n'est pas...
- Il t'a dit ça ! Mais il est **stupide** ! — ❍ Effectivement, il n'est pas...
- Je ne peux rien dire à mon fils, il est vraiment **têtu** ! — ❍ Oui, il n'est pas...
- Il trouve son frère trop **égoïste**. — ❍ Oui, il a raison, il n'est pas...
- Je trouve qu'Arnaud est un peu **nerveux**. — ❍ C'est vrai, il n'est pas...
- Tu ne trouves pas que cette histoire est **déprimante** ? — ❍ Effectivement, elle n'est pas...
- J'ai l'impression qu'elle est plutôt **dure** avec le personnel. — ❍ C'est sûr, elle n'est pas...
- Tu ne trouves pas que son père est **distant** avec nous ? — ❍ Oui, en effet, il n'est pas...
- Ce jeu est plutôt **ennuyeux**, tu ne trouves pas ? — ❍ Ah oui, il n'est pas...

B Dites quels sont les adjectifs de la liste qui correspondent à votre caractère. Pour nuancer vos affirmations, vous pouvez utiliser les mots suivants :

très/pas très   trop/pas trop   vraiment/pas vraiment   plutôt   assez

Je pense que je suis assez têtu, mais je ne suis pas trop...

lexique

C'EST / IL EST
Rappelez-vous, pour parler d'une personne on dit :
- **Il/elle est** + ADJECTIF : *il* ***est*** ***grand****, elle* ***est*** ***mignonne****...*
- **C'est** + DÉTERMINANT + NOM : ***c'est un garçon*** *grand et maigre,* ***c'est ma copine****...*

EXPRIMER LA RESSEMBLANCE
- **ressembler à**
  Habillée comme ça, ***tu ressembles à*** *une princesse.*
- **même**
  Ils ont le ***même*** *intérêt pour le cinéma, la* ***même*** *passion pour les voitures et ils portent les* ***mêmes*** *vêtements.*
- **pareil**
  Rachel et Éric pensent ***pareil*** *et s'habillent* ***pareil****.*
- **comme**
  Elle se comporte ***comme*** *une petite fille capricieuse.*

C Demandez à un/e camarade quels sont ses défauts et qualités.

- Dis-moi, à ton avis, quelles sont tes qualités principales ?
- Alors moi, je pense que je suis...

5 | Caractères et points communs

Valérie a organisé une soirée spéciale célibataires. Lisez la liste des garçons et des filles. Pouvez-vous dire qui s'entendra bien avec qui ? Formez des couples et expliquez pourquoi.

Les filles

MATHILDE : c'est une fille un peu complexée. Elle ne parle pas beaucoup mais elle aime écouter les autres. Elle aime les promenades à la campagne, mais elle adore aussi voir des amis et aller prendre un verre ou même sortir danser toute la nuit.

PAULINE : elle est très coquette. Elle a l'air très sympa, dynamique et, en général, elle a bon caractère. Surtout, elle aime beaucoup rire et s'amuser. Elle est assez sportive et elle n'aime pas trop sortir ou se coucher tard. Mais, de temps en temps, elle ne déteste pas sortir au cinéma.

CLAIRE : elle aime l'action. C'est une personne très ordonnée et sérieuse qui adore marcher, courir, aller au cinéma, faire du shopping, danser, etc. Le repos, elle déteste ça.

ÉMILIE : elle est très ouverte sur les autres. Elle adore les gens qui parlent beaucoup ou qui la font rire. Elle ne déteste pas les activités sportives et c'est aussi une passionnée de cinéma (surtout le cinéma d'art et essai).

OLIVIER

THIERRY

EDOUARD

YVAN

Les garçons

OLIVIER : il est élégant et aime les soirées entre amis autour d'un repas ou d'une vidéo. Il n'est pas très sportif mais il aime les jeux de société, et surtout, voir des films en version originale.

THIERRY : très sportif, il est très actif et aime les activités à l'extérieur. Il déteste lire ou rester assis plus d'une heure. Il est fort, musclé et il a un grand sens de l'humour.

ÉDOUARD : c'est un garçon qui a un visage très sérieux. Il est doux et assez timide, mais il a beaucoup d'humour quand on le connaît. Il adore les longues marches dans la nature mais n'est pas trop sportif.

YVAN : il est bavard, drôle et chaleureux. Il aime vivre la nuit, sortir, parler et danser, mais dans sa vie professionnelle il est très sérieux.

Je crois que Mathilde et Édouard forment un beau couple parce qu'ils aiment tous les deux se promener dans la nature. Ils se ressemblent un peu parce que Mathilde est un peu complexée et Édouard est timide. Comme lui, Mathilde est plutôt calme et silencieuse.

MATHILDE

PAULINE

CLAIRE

EMILIE

- Qui va bien avec Olivier selon toi ?
- Je pense que...

6 | Le caractère

A Mots croisés. Retrouvez les noms correspondant aux définitions suivantes et placez-les dans la grille.

1 Qui reste sur ses opinions.
2 Qui pense uniquement à soi-même.
3 Qui est grave. Contraire de gai.
4 Contraire de stressé.
5 Qui parle beaucoup.
6 Irritable. Contraire de calme.
7 Qui est froid.
8 Qui ne fait pas attention à ce qu'il fait ou ce qu'il dit.
9 Personne qui a tendance a attaquer les autres.
10 Qui se comporte mal avec les autres.
11 Qui est réservé par rapport à ses qualités.
12 Qui dit des choses mais en pense d'autres.
13 Qui intéresse.

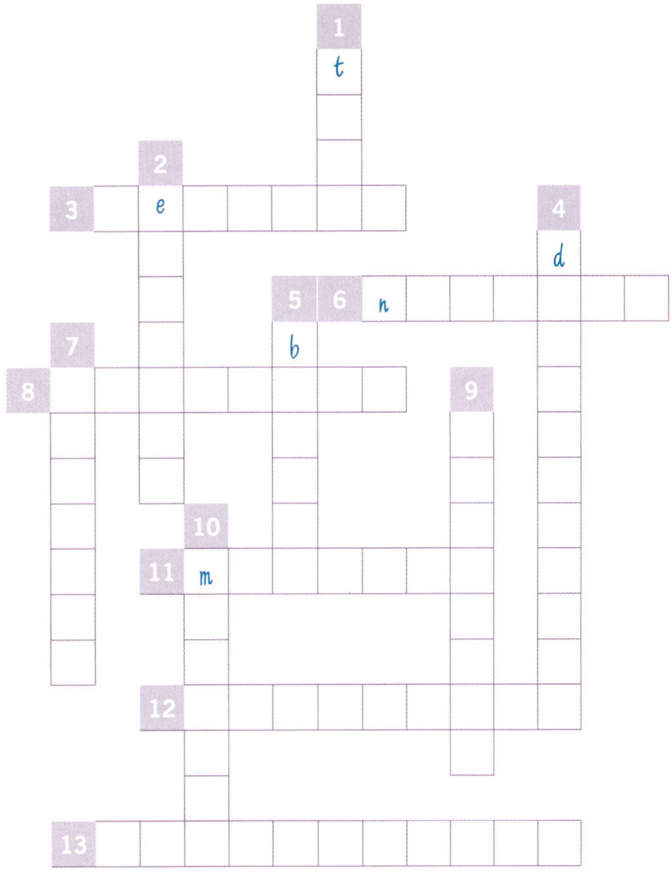

B Donnez le nom de 5 personnes qui correspondent à certains de ces adjectifs.

Ma copine Christine, elle est mignonne, sérieuse, intéressante et modeste.

7 | Opinions

A Lisez les affirmations suivantes. Êtes-vous d'accord ?

 Je suis tout à fait d'accord.
 Je ne suis pas d'accord.
 Je suis assez d'accord.
 Je ne suis pas du tout d'accord.

On doit tout supporter de ses amis.
Les amis, c'est plus important que la famille.
On ne doit jamais prêter d'argent aux amis.
Les copains ont l'obligation de vous aider si vous avez des problèmes.
Il est imprudent de travailler avec des amis.

B Commentez avec un camarade vos opinions et justifiez-les.

- *Est-ce que tu crois que les amis sont plus importants que la famille ?*
- *À mon avis, ...*

DEMANDER / DONNER SON OPINION

- Pour demander l'opinion de quelqu'un
  Qu'est-ce que tu penses/vous pensez de sa maison ?
  À ton/votre avis, il est bien ce film ?
  Tu/Vous (ne) crois/croyez (pas) que la fête était réussie ?
- Pour donner son opinion ou ses impressions
  ***Je crois / pense que** c'est le meilleur film de la saison.*
  À mon avis,
  Selon moi,
  D'après moi,
  Je trouve que
  ***J'ai l'impression que** ta copine aime beaucoup sortir*

8 | L'imparfait

A Édith envoie un courriel à son amie Valérie pour lui raconter sa soirée chez Karine et Gérard. Complétez son texte avec **c'était**, **il était**, **il faisait**, **il y avait**.

À valerie@peto.net
Objet Soirée chez Karine et Gérard

Salut Valérie,

Ça va ? Il faut que je te raconte ce qui m'est arrivé l'autre jour. Je suis allée à une fête chez Karine et Gérard. l'anniversaire de Gérard. beaucoup de monde et une super ambiance. minuit quand j'ai dit à Gérard « Je m'en vais ». Mais juste à ce moment-là, Gérard m'a présenté un charmant garçon avec qui j'ai parlé toute la soirée. Quand la fête s'est terminée, comme froid, il m'a dit « Pas question que tu rentres à pied ! » et il m'a conduit chez moi. six heures du matin quand je me suis couchée. J'espère le revoir bientôt !
Je t'embrasse.

Édith

B Envoyez un courriel à un/e ami/e pour raconter une rencontre qui vous a marqué.

● Tu sais ? L'autre jour, j'ai rencontré...

9 | Les pronoms compléments d'objet direct (COD) et indirect (COI).

Complétez ce dialogue avec le pronom qui convient : **le**, **la**, **l'**, **lui**, **leur**.

- Tu as reçu l'invitation pour la fête de Julien ?
- Oui, je viens de recevoir ce matin.
- Et tu as acheté un cadeau ?
- Non, je veux acheter le dernier CD du groupe Kouman mais je ne trouve pas. Sinon, je ne sais vraiment pas quoi offrir !
- J'ai une idée ! On pourrait appeler ses colocs et demander conseil. Comme ils voient tous les jours, ils savent mieux que nous les choses qui manquent.
- C'est pas une mauvaise idée. Je vais appeler tout de suite et comme ça on va pouvoir acheter quelque chose ensemble, toi et moi, non ?
- OK, on fait comme ça.

FAIRE LA FÊTE
En France, on organise souvent des fêtes entre amis du lycée ou de la faculté. Ces fêtes se déroulent dans un appartement, une maison ou un local privé. On écoute de la musique, on danse et on mange aussi. On parle de **fête** (**faire une fête**) ou aussi, plus familièrement, de **teuf**.

10 | Les pronoms relatifs qui et que

A Mettez devant chaque fragment manquant **qui**, **qu'** ou **que**.

Des amis VIRTUELS

Les personnes ______ (1). Elles se retrouvent sur des chats ______ (2). Les personnes ______ (3). Elles se retrouvent dans des salles virtuelles ______ (4). Elles peuvent parler des choses ______ (5) ou aussi commenter des événements ______ (6). Mais on peut se demander pourquoi toutes ces personnes ______ (7). Certains spécialistes s'inquiètent de cette amitié ______ (8)

- ○ .... elles aiment faire.
- ○ .... les sites Internet mettent à leur disposition.
- ○ .... se connaissent à travers Internet sont de plus en plus nombreuses.
- ○ .... naît par écran interposé.
- ○ .... on crée spécialement pour permettre ce type de rencontre.
- ○ .... se sont produits récemment.
- ○ .... participent à ces chats peuvent rester des heures devant leur écran.
- ○ .... cherchent à communiquer ne peuvent pas le faire autrement que virtuellement.

B Et vous, qu'est-ce que vous pensez des rencontres sur Internet ? Écrivez un petit texte et pensez à utiliser les pronoms **qui** et **que**.

À mon avis, les personnes qui...

• Moi, je pense que les gens qui utilisent le chat...

QUAND **QU'** ?

- **Que** s'apostrophe devant une voyelle : *Le cadeau **qu'**il a offert est très pratique.*
- **Qui** ne s'apostrophe jamais : *La fille **qui** est à côté de lui est américaine.*

grammaire

11 | La place des adjectifs

A Steve écrit à son ami Philippe. Des erreurs dans la place des adjectifs se sont glissées dans sa lettre. Corrigez-les. Tous les adjectifs sont soulignés, mais attention : tous ne sont pas mal placés !

Salut Phil,

La dernière semaine, nous avons organisé un dîner grand à la maison avec tous les élèves Erasmus. Ça n'a pas été une facile chose de réunir 7 personnes dans la même pièce parce que nous habitons un appartement petit, mais finalement presque tout le monde était là, sauf toi. Peter est venu avec sa copine nouvelle, Gaëlle. C'est une française fille très sympa. Ils ont apporté un gâteau délicieux au chocolat. Jutta est venue sans son copain. Elle portait une blanche robe. Nous avons beaucoup ri aussi avec les histoires drôles de Karim, l'ami petit de Patrizia. Ça a été une soirée bonne.

J'espère que tu vas venir au repas prochain !

Steve

B Écrivez un petit texte pour décrire une soirée entre amis ou en famille.

Je me souviens d'un repas avec...

ADJECTIFS DANS UNE SÉRIE

- Les adjectifs qui indiquent l'ordre dans une série se placent généralement devant : *le **premier** chapitre, le **deuxième**... **le dernier** chapitre. Son **prochain** livre va sortir pour Noël.*
- Mais si **dernier** ou **prochain** font référence à la semaine, au mois ou à l'année qui vient de passer ou qui arrive, on les place après le nom : *la semaine **dernière**, la semaine **prochaine**.*

12 | La forme des adjectifs

Sandra vient de changer de voiture. Elle propose à un ami d'aller faire un tour avec elle. Complétez leur dialogue avec les adjectifs suivants. Pensez à les accorder en genre et en nombre.

petit — ancien — blanc (2 fois) — cher — métallisé — neuf — nouveau (2 fois) — prudent — spacieux — vieux

- Eh Jean-Do, ça te dit de venir faire un tour dans ma *nouvelle* voiture ?
- ○ Tu as changé de voiture ? Qu'est-ce que tu as fait de ta ______ Super5 ?
- Vendue !
- ○ Et celle que tu as acheté, c'est une voiture d'occasion ou elle est ______ ?
- Elle est tout neuve ! J'ai acheté le ______ modèle de chez Renault. Elle est plus ______ parce que mon ______ voiture était devenue trop ______.
- ○ Et elle est de quelle couleur ?
- Il y avait le choix et j'ai pris la ______.
- ○ Personnellement, je n'aime pas les voitures ______. Je préfère les modèles ______. Et elle coûte combien ?
- Oh, elle est un peu ______ mais j'ai demandé un crédit. Alors, tu viens ?
- ○ D'accord, mais ne roule pas trop vite et reste ______.

NEUF / NOUVEAU
- **Neuf** est un adjectif qui désigne une chose qui vient d'être fabriquée et n'a pas encore servi.
- **Nouveau** est un adjectif qui désigne une chose qui remplace une autre.

On peut avoir *une **nouvelle** voiture* mais elle n'est pas obligatoirement ***neuve***, elle peut être d'occasion. À l'inverse, *une voiture **neuve*** ne peut jamais être d'occasion.

13 | Les pronoms démonstratifs

A Pour éviter les répétitions de ce dialogue, remplacez les formes soulignées par les pronoms démonstratifs **celui, celle, ceux, celles, ça**.

- Qu'est-ce que tu as dans tes mains ?
- ○ <u>Ce que j'ai dans mes mains ?</u> C'est une vieille photo de classe.
- Oh fais-moi voir !
- ○ Tiens, regarde. Je t'explique. L'homme à la moustache, c'était notre instituteur.
- <u>Cet homme</u> qui porte un costume ?
- ○ Non, <u>cet homme</u>-là, c'était le directeur. L'instituteur, c'est <u>cet homme</u>-ci.
- Et derrière ? C'est qui cette fille ?
- ○ <u>Cette fille</u> qui est à droite ?
- Non, <u>cette fille</u> qui est à gauche.
- ○ C'était Géraldine.
- Ah oui, qu'est-ce qu'elle a changé ! Et ces garçons ?
- ○ Eux, ce sont <u>ces garçons</u> avec qui je fais encore du foot le samedi. Tu ne les reconnais pas ? <u>Ce garçon</u> à gauche, c'est Yann et <u>ce garçon</u> à droite, c'est Pierrick.
- Et les filles du fond ?
- ○ <u>Ces filles</u>-là ? Ce sont les sœurs de mon ami Régis. Tu sais, <u>ces filles</u> qui tiennent une boutique de vêtements.

CELUI-CI OU CELUI-LÀ
Si vous désignez un objet, puis un autre, ou si vous en avez un dans une main et un dans l'autre, et vous voulez demander à quelqu'un d'en choisir un, vous devez lui poser la question suivante : (Un stylo rouge et un stylo noir :) *Lequel veux-tu ?* ***Celui-ci*** (pour le premier objet désigné) ou ***celui-là*** (pour le deuxième) ?
L'emploi est identique pour les autres pronoms démonstratifs.
Une tasse pleine de café et une autre remplie jusqu'à la moitié : *Laquelle veux-tu ?* ***Celle-ci*** ou ***celle-là*** ?

B Apportez une photo avec des amis ou des membres de votre famille et faites-en la description à un camarade ou au reste de la classe.

- *C'est qui celui qui est à droite de ce monsieur ?*
- ○ *Celui-ci ?*

ÇA
Ça s'emploie dans la langue courante pour marquer l'insistance dans une interrogation :
- *Paul vient.*
- ○ *Qui **ça** ?*
- *Paul !*

Il y avait / il faisait / c'était / il était

Ces formes à l'imparfait permettent de mieux situer une anecdote, un évènement, etc. que nous racontons au passé composé.

- **Il y avait** (pour décrire le lieu, l'ambiance) :
  Je suis entré dans le salon. ***Il y avait*** *de la musique.*
- **Il faisait** (pour parler du temps) :
  Je suis sorti du cinéma. ***Il faisait*** *froid.*
- **C'était** (pour situer le moment) :
  C'était *l'été.*
- **Il était** (pour donner l'heure) :
  Il était *minuit ; quelqu'un a sonné...*

(Le 21 décembre) : *Il est 8 heures. C'est le premier jour de l'hiver. Il fait froid mais il y a du monde dans les rues.*
(Le 03 février et Paul parle du 21 décembre) : ***Il était*** *8 heures.* ***C'était*** *le premier jour de l'hiver.* ***Il faisait*** *froid mais* ***il y avait*** *du monde dans les rues.*

Les pronoms compléments d'objet indirect

	SINGULIER	PLURIEL
1ère p.	**me**	**nous**
2ème p.	**te**	**vous**
3ème p.	**lui**	**leur**

- Les pronoms COI servent à remplacer un complément d'objet indirect introduit par la préposition **à**. Les formes de 1ère et 2ème personnes du singulier et du pluriel sont les mêmes que celles des compléments COD.
  J'ai décidé d'inviter Stéphane pour mon anniversaire. Je ***lui*** *ai envoyé un courriel pour* ***lui*** *dire de venir. (=J'ai envoyé un courriel à Stéphane pour dire à Stéphane de venir).*
- **Lui** et **leur** sont des COI qu'on utilise aussi bien pour remplacer des noms masculins que féminins :
  J'ai invité Nicolas. Je ***lui*** *ai dit de venir à 9 heures.*
  Sonia n'est pas encore arrivée ? Je vais ***lui*** *téléphoner.*
  Si tu vois tes cousines, tu ***leur*** *dis qu'elles sont invitées.*
  ● *Je dis à Marc et Serge de venir demain ?*
  ○ *Oui, tu peux* ***leur*** *dire.*
- Quand il y a un verbe à l'infinitif, les COI se placent devant ce verbe, comme les pronoms COD.

La place des adjectifs

- La plupart des adjectifs se placent après le nom qu'ils déterminent. C'est le cas des adjectifs qui indiquent :
  - la couleur : *la maison* ***blanche****, une maison* ***bleue***
  - la forme : *une table* ***ronde****, un chapeau* ***pointu***
  - l'état : *portes* ***ouvertes****, un ensemble* ***vide***
  - le type ou la provenance : *un téléphone* ***portable****, un film* ***américain***
- Certains adjectifs se placent généralement devant le nom : **petit**, **grand**, **vieux**, **jeune**, **joli**, **beau**, **long**.
  Exemple : *un* ***petit*** *appartement, les* ***grands*** *magasins, une* ***vieille*** *dame, un* ***joli*** *cadeau, une* ***belle*** *montre.*
- D'autres peuvent se placer devant ou derrière. Leur sens ne change pas vraiment mais placé devant, l'adjectif permet de mettre en valeur la qualité du nom :
  une histoire ***merveilleuse*** ou *une* ***merveilleuse*** *histoire.*

Les adjectifs : genre et nombre

- **Le genre** (masculin / féminin)
  En général, pour former le féminin, on ajoute un **–e** à la fin de l'adjectif au masculin : *petit/petite*
  Mais il existe des particularités orthographiques :
  - Certains adjectifs en **–s** font **–sse** : *bas/basse*.
    Exception : *frais/fraîche*.
  - Les adjectifs en **–eux** font **–euse** : *spacieux/spacieuse*.
  - Les adjectifs en **–er** font **–ère** : *cher / chère*.
  - Les adjectifs en **–f** font **–ve** : *neuf / neuve*.
  - Les adjectives *beau/belle*, *nouveau/nouvelle*, *vieux/vieille* et *fou/folle*, devant un nom masculin qui commence par une voyelle ou un h muet, font : *un* ***bel*** *enfant, un* ***nouvel*** *homme, un* ***vieil*** *ami, un* ***fol*** *amour*.
  - Autres : *blanc/blanche*, *sec/sèche*, *doux/douce*, *roux/rousse*, *faux/fausse*.
- **Le nombre** (singulier / pluriel)
  En général, les adjectifs prennent un **–s** au pluriel, sauf s'ils se terminent par **–x** au masculin singulier. Dans ce cas, ils restent invariables au masculin pluriel :
  un enfant ***heureux*** *; des enfants* ***heureux***
  ⚠ Les adjectifs masculins en **–al** font généralement **–aux** : *un problème* ***commercial****, des problèmes* ***commerciaux****.*

Les pronoms démonstratifs

- Les pronoms démonstratifs permettent de désigner un nom (objet, personne, lieu) sans devoir le citer.

	MASCULIN	FÉMININ
Singulier	**celui**	**celle**
Pluriel	**ceux**	**celles**

- Les pronoms démonstratifs ne sont jamais utilisés seuls. Ils peuvent être associés aux formes **–ci** et **–là** :
  ● *Regardez, j'ai un pull bleu ou un pull rouge à vous proposer. Lequel est-ce que vous voulez ?*
  ○ ***Celui-ci****.*
- On peut aussi les utiliser suivis de **à**, de **de** ou des pronoms relatifs **qui** ou **que** :
  Le garçon à gauche, non, ***celui à*** *droite.*
  Ce n'est pas la mère de Luc, c'est ***celle*** *de Marc.*
  Ma voiture, c'est ***celle qui*** *est à côté de la moto.*
  Je n'aime pas beaucoup les croissants, mais ***ceux que*** *tu achètes le dimanche sont délicieux.*
- **Ça** (forme courante de **cela**) désigne une chose ou une idée sans la nommer :
  Je veux ***ça*** *(= cette chose que je désigne d'un geste).*

14 | Les clés pour faire la différence entre [ə], [ɵ], [œ] et [e], [ɛ]

A En français, il faut faire la différence entre, d'une part, les sons [e], [ø], [oe] (groupe A) et, d'autre part, [e] et [ɛ], (groupe B). Lisez les mots du tableau, puis comparez-les. Ensuite, écoutez et entourez le mot que vous entendez dans chaque cas.

	groupe A			groupe B	
	[ə]	[ɵ]	[œ]	[e]	[ɛ]
1	ce				c'est
2		jeu		j'ai	
3			peur		paire
4		peu			paix
5			heures		ères
6	te			thé	
7			horreur		horaire
8		venteux		vanter	
9	que			quai	
10			seul		sel
11	me				mais
12		ceux		ces	
13	ne			nez	
14			sœur		serre
15		deux		dé	

B À partir des mots du tableau, essayez de trouver les orthographes possibles pour :

groupe A			groupe B	
[ə]	[ɵ]	[œ]	[e]	[ɛ]
	eu			est

C Le son [ə] disparaît fréquemment à l'oral quand il se trouve à l'intérieur d'un mot. Écoutez ces 3 phrases et barrez les **e** que vous n'entendez pas. Ensuite, répétez les phrases.

Ici, les démarches se font lentement.

L'agence de communication se trouve sur le Boulevard des Cerisiers.

Il m'a répondu froidement !

Il t'a expliqué le fonctionnement de cette administration ?

Je vais demander le renouvellement de mon permis de conduire.

Vous allez retirer de l'argent ?

ENTRAÎNEMENT AU DELF A2 Partie 1 - COMPRÉHENSION DE L'ORAL

LES CLÉS POUR COMPRENDRE UN EXTRAIT DE RADIO (UN INTERVENANT)

Dans cet exercice, il vous est demandé de comprendre le thème d'un court extrait de radio et l'idée principale. Ici, la personne qui parle est seule et parle sans interlocuteur. Ce n'est donc pas un dialogue. C'est une sorte d'écrit retransmis à l'oral.

Quand vous écoutez une personne parler à la radio dans votre langue maternelle, vous retenez le principal. Pour l'examen, on ne vous demande pas plus. Il n'est absolument pas nécessaire de tout comprendre. Seule une compréhension globale et quelques détails importants sont nécessaires.

■ Exemple

Écoutez et répondez aux questions :

Transcription :
Le 1er octobre, la mairie de Paris vous propose une nouvelle édition de La Nuit blanche. Cette année encore, une cinquantaine de structures, musées, centres culturels, galeries et lieux alternatifs apportent leur énergie à la manifestation. Toute la nuit, vous pourrez trouver des concerts, des expositions, des animations de rue et bien d'autres évènements. Toutes les installations des parcours officiels sont ouvertes de 19 heures à 7 heures du matin dans la nuit du 1er au 2 octobre. Et cette année, ce n'est plus seulement qu'à Paris, mais aussi à Rome, Bruxelles et Montréal. Alors, curieux de tous les pays, venez nombreux !

1. Vous venez d'entendre...
   - ☐ un débat à la radio.
   - ☒ un message publicitaire à la radio.
   - ☐ un message sur répondeur téléphonique.

Le format du document est celui d'une publicité. Mais vous pouvez aussi procéder par élimination : vous entendez seulement une personne parler, ce n'est donc pas un débat ; il y a rarement de la musique avant ou après un message sur répondeur, cette option est donc peu probable.

2. Le thème principal de ce document est :

L'enregistrement parle de différents lieux de Paris où beaucoup de gens se réunissent la nuit (symbolisée par la lune).

a ☒

b ☐

c ☐

3. La manifestation se passe...
   - ☐ de 19 heures à 5 heures du matin.
   - ☐ de 17 heures à 5 heures du matin.
   - ☒ de 19 heures à 7 heures du matin.

4. On peut aussi sortir dans la ville de :
   - ☐ Arôme
   - ☒ Rome
   - ☐ Côme

Lisez bien les questions avant l'écoute. Elles vous donnent du vocabulaire et des indices sur ce que vous allez entendre.

Restez calme. Ce que vous n'avez pas compris à la première écoute, la deuxième écoute vous permettra de le comprendre.

Pour la première écoute, l'important est de comprendre globalement l'extrait. C'est la deuxième écoute qui permet de comprendre plus de détails.

■ Exercice 1

Répondez aux questions en cochant (X) la bonne réponse.

1. Il s'agit...
   - ☐ d'un message publicitaire.
   - ☐ d'une émission de télévision.
   - ☐ d'un flash d'information à la radio.

2. On parle de...
   ☐ Alain Moreau. ☐ Armand Moureau. ☐ Hermine Moran.

3. Qu'est-ce que veut faire le chanteur ?
   - ☐ Inviter 3 filles à manger.
   - ☐ Chanter avec 3 filles.
   - ☐ Faire un disque avec 3 filles.

4. Les auditions vont durer...
   ☐ 10 mois. ☐ 12 mois. ☐ 2 mois.

■ Exercice 2

Répondez aux questions en cochant (X) la bonne réponse.

1. Vous venez d'entendre...
   - ☐ une publicité à la radio.
   - ☐ la présentation d'une émission de radio.
   - ☐ un message sur répondeur.

2. Quel est le sujet de cet extrait ?

a ☐

b ☐

c ☐

3. Selon l'extrait, les parents ne contrôlent pas leurs enfants.
   ☐ Vrai ☐ Faux

LES CLÉS POUR COMPRENDRE UN EXTRAIT DE PRESSE

Dans cet exercice, il vous est demandé de comprendre un extrait de presse.

Si vous prenez un journal, qu'est-ce que vous pouvez y trouver ? Des articles, des photos, des publicités et des annonces. Vous lisez rapidement, puis vos revenez pour lire les détails d'un article ou d'une pub qui vous intéresse. Vous devrez faire la même chose pour l'examen : identifier le type de document, puis chercher à en comprendre les détails.

■ Exemple

Lisez le texte, puis répondez aux questions. Cochez la bonne réponse.

1 **Une journée simple comme bonjour**

Samedi, à Fontenay-sous-Bois, les passants sont invités à se saluer chaleureusement.

2 Les Échos du Val
SAMEDI 24 SEPTEMBRE 2005

3 Après la journée du fromage ou celle des voisins, voici la journée du Bonjour organisée par une association qui milite en faveur de l'échange, de la solidarité et du respect des autres à Fontenay-sous-Bois, petite ville du Val-de-Marne.

4 Apparemment, cette journée consiste à se promener dans les rues de la ville et à saluer d'un joyeux bonjour et d'un sourire chaleureux tous les frères humains qu'on pourra trouver sur son passage.

Le but de cette action est de remettre un peu de politesse dans nos rues, selon Théophile Lamard qui souligne que la majeure partie de la population bénéficie d'un niveau de vie confortable mais continue à faire la tête, ce qui entraîne un climat de méfiance et un manque de solidarité qui peut déboucher sur des situations désagréables.

5 De 9 à 18 heures, les « brigades du bonjour » circuleront pour verbaliser les citoyens impolis, prévient le communiqué, avant que tout le monde se rassemble pour la paix. Une journée civique en perspective.

***1** Titre de l'article / **2** Nom du journal / **3** Présentation / **4** Explication / **5** Conclusion*

1. Ce document vient...
- [x] d'un journal.
- [ ] d'un livre.
- [ ] d'une brochure touristique.

Voir le **2**, « Les Échos du Val » (vous indique qu'il s'agit d'un article de journal)

2. Les habitants de Fontenay-sous-Bois célèbrent...
- [ ] la fête des salutations.
- [x] la journée du Bonjour.
- [ ] le jour du fromage.

« Après la journée du fromage ou celle des voisins, voici la journée du Bonjour organisée... »

3. Cochez la colonne **vrai** ou **faux**. Justifiez votre réponse en citant une phrase du texte.

	VRAI	*FAUX*
1. Cet événement est à l'initiative de la mairie. Justification : organisée par une association qui milite...		✗
2. L'action consiste à saluer tout le monde quand on se déplace hors de chez soi. Justification : se promener dans les rues de la ville et à saluer (...) tous les frères humains qu'on pourra trouver...	✗	
3. Obliger les gens à être plus polis est l'objectif de cet événement. Justification : Le but de cette action est de remettre un peu de politesse dans nos rues...	✗	
4. Les gens ne sont pas sympas parce qu'ils vivent dans des conditions difficiles, selon Théophile Lamard. Justification : la majeure partie de la population bénéficie d'un niveau de vie confortable mais continue à faire la tête.		✗
5. Si vous ne dites pas bonjour, la police pourra vous sanctionner. Justification : les «brigades du bonjour» circuleront (mais pas la police...)		✗

- Le texte est simple et clair. Les paragraphes correspondent à des idées différentes. Par exemple, le premier sert à présenter le thème et le dernier, à conclure.
- Regardez la présentation du texte. C'est un indice précieux pour en connaître son origine.
- Lisez le texte une première fois pour savoir de quoi il s'agit, puis lisez les questions. Relisez le texte pour trouver les réponses à ces questions.
- N'inventez pas les réponses. Elles sont dans le document. Si vous ne trouvez pas, relisez.
- Les questions jouent souvent sur un synonyme ou une expression similaire.

■ Exercice 1

Lisez ce document et répondez aux questions.

Marie-Anne Jolie

triomphe sur la scène parisienne avec « En avant la musique », une pièce originale qu'un public enthousiaste acclame chaque soir. Mais nous avons voulu faire découvrir à nos lectrices qui se cache derrière la femme de spectacle. Passionnée et parfois redoutable devant les spectateurs, elle dissimule son côté timide et discret. Pour la première fois, Marie-Anne nous parle à cœur ouvert de ce qui la fait souffrir et vibrer.

Q : Qu'est-ce que le succès a apporté à votre vie ?

M : Oh ! Beaucoup de complications. C'est pas facile de savoir si les personnes qu'on rencontre sont vraiment là pour vous ou pour la femme publique. Et j'ai été parfois surprise et déçue par certains de mes nouveaux « amis ». Maintenant, je suis beaucoup moins confiante qu'avant.(...)

Q : Votre secret pour rester zen devant tous ces projets qui se présentent ?

M : Vivre pour mes proches. Ce sont eux qui comptent vraiment. Et aussi, je ne me laisse pas impressionner par ces événements. Je garde la tête froide et je ne pense pas trop au lendemain.

1. Ce document vient...
   - ☐ d'un journal. ☐ d'un magazine féminin. ☐ d'une revue masculine.

2. Marie-Anne Jolie est...
   - ☐ actrice de cinéma. ☐ actrice de télévision. ☐ comédienne de théâtre.

3. Les amis qu'elle rencontre ne sont pas toujours intéressé, par sa vraie personnalité.
   - ☐ Vrai ☐ Faux

Justifiez votre réponse : ....

4. Elle compte sur sa famille pour rester calme devant le succès.
   - ☐ Vrai ☐ Faux

Justifiez votre réponse : ....

■ Exercice 2

Lisez le texte, puis répondez aux questions.

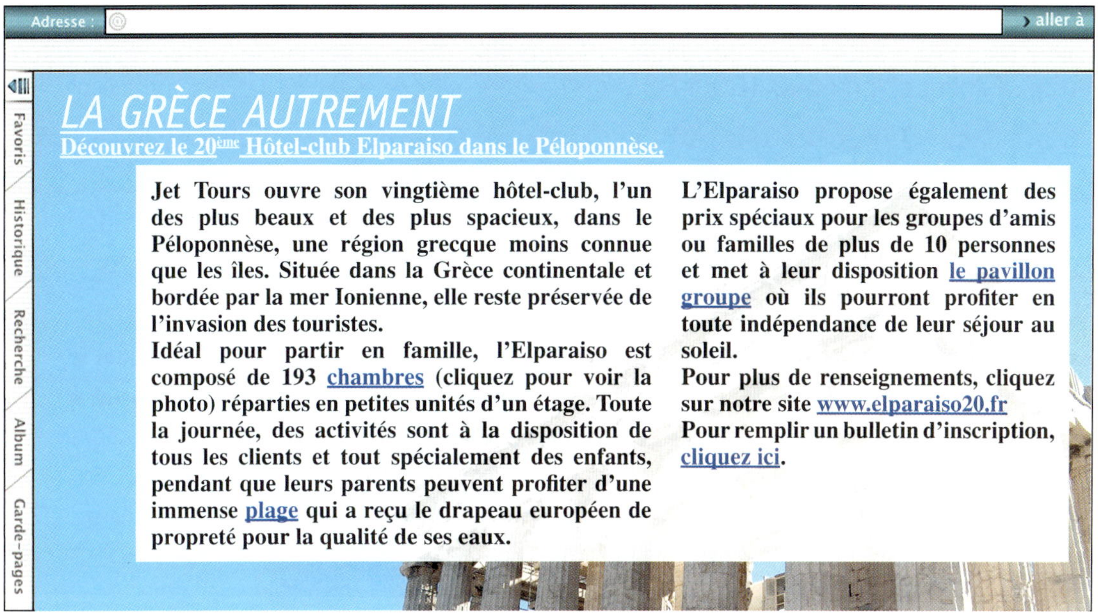

LA GRÈCE AUTREMENT

Découvrez le 20ème Hôtel-club Elparaiso dans le Péloponnèse.

Jet Tours ouvre son vingtième hôtel-club, l'un des plus beaux et des plus spacieux, dans le Péloponnèse, une région grecque moins connue que les îles. Située dans la Grèce continentale et bordée par la mer Ionienne, elle reste préservée de l'invasion des touristes.

Idéal pour partir en famille, l'Elparaiso est composé de 193 chambres (cliquez pour voir la photo) réparties en petites unités d'un étage. Toute la journée, des activités sont à la disposition de tous les clients et tout spécialement des enfants, pendant que leurs parents peuvent profiter d'une immense plage qui a reçu le drapeau européen de propreté pour la qualité de ses eaux.

L'Elparaiso propose également des prix spéciaux pour les groupes d'amis ou familles de plus de 10 personnes et met à leur disposition le pavillon groupe où ils pourront profiter en toute indépendance de leur séjour au soleil.

Pour plus de renseignements, cliquez sur notre site www.elparaiso20.fr

Pour remplir un bulletin d'inscription, cliquez ici.

1 Ce document est ...
- ☐ une publicité sur Internet.
- ☐ un texte d'encyclopédie sur Internet.

1. Elparaiso, c'est...
   - ☐ une agence de voyage. ☐ un club de sport. ☐ un centre hôtelier.

2. C'est **vrai** ou **faux** ? Justifiez votre réponse en citant une phrase du texte.

	VRAI	*FAUX*
1. Il existe 19 autres Elparaiso dans le monde. Justification :		
2. Le Péloponnèse est l'une des régions les plus connues de Grèce. Justification :		
3. Les activités offertes par Elparaiso sont conçues seulement pour les enfants. Justification :		
4. La plage est très grande et très propre. Justification :		
5. On peut avoir un prix réduit en partant en couple. Justification :		

LES CLÉS POUR ÉCRIRE UNE LETTRE OU UN COURRIEL

Dans cet exercice, vous devez écrire une lettre pour inviter, demander, remercier, vous excuser, informer, féliciter, etc. souvent, comme réponse à une autre lettre.

Dans la vie courante, quand quelqu'un vous fait une proposition, si vous acceptez, vous essayez de savoir plus de détails. Mais, si vous refusez, vous vous justifiez pour que l'autre personne comprenne bien votre choix. Dans cet exercice, vous devez faire la même chose. Par exemple, si quelqu'un vous a écrit une lettre pour vous inviter, vous devez y répondre pour dire si vous acceptez ou pas.

■ Exemple

Vous avez reçu cette lettre. Vous répondez à Hyppolite. Vous le remerciez, mais vous refusez l'invitation. Expliquez pourquoi (60 à 80 mots).

Salut,

Ça fait longtemps que je ne t'ai pas écrit mais j'ai des excuses : j'ai eu beaucoup d'examens. Ils se sont bien passés **1** mais je n'ai pas eu beaucoup de temps.
Justement, comme c'est fini les études, j'ai décidé d'organiser une soirée déguisée chez moi le 16 juin. Le thème c'est les années 80. Tu t'habilles comme tu veux, mais ça doit être comme à cette époque-là. Si tu as des disques de l'époque, amène-les aussi !

2 J'attends ta réponse. Si tu préfères m'appeler, appelle plutôt le soir parce que pendant la journée **3** je fais un stage d'informatique.

À bientôt,

Hyppolite

(1) *Vous pouvez féliciter la personne qui vous a écrit.*
(2) *Vous pouvez répondre à cette partie.*
(3) *Vous pouvez vous informer à propos de cette partie.*

Proposition de correction :

Salut Hyppolite,

Merci pour ton invitation. C'est sympa mais je ne pourrai pas venir parce que le 16 juin je pars en week-end dans ma famille. Alors, ce sera pour une prochaine fois.
Dans ta lettre, tu m'as parlé de tes examens. Alors, ils se sont bien passés ? Tu as eu des bonnes notes ?
Tu me parles aussi d'un stage. Moi aussi je veux me perfectionner en informatique, tu pourras me donner des conseils ?

À bientôt,

- Attention, les instructions peuvent être très précises. Respectez-les bien ! Faites attention à tous les petits détails demandés.
- Vous pouvez inventer certaines informations (personnage, lieu, moment, etc.) en plus des instructions. Mais attention, ne soyez pas trop long ! Ici, ce n'est pas la créativité qui est récompensée, c'est la précision.
- Votre lettre doit faire de 60 à 80 mots (respectez cette indication avec +/- 10%).

■ Exercice 1

Vous avez reçu cette lettre et vous répondez à Amandine. Vous la remerciez, mais vous ne pouvez pas accepter son invitation. Vous expliquez pourquoi et vous lui proposez autre chose (60 à 80 mots).

Salut,

Comme on a quelques jours de libre et que tu adores aussi la danse, j'ai pensé que tu pourrais venir faire un stage dans le studio de danse où je vais. Le directeur du centre, qui s'appelle Xavier, est aussi un super prof. Il va donner un stage de 3 jours de « modern jazz ». Comme ça, tu pourras aussi connaître mes copines de classes qui sont toutes super sympas.

J'espère que tu pourras. Ce serait trop génial !

Bises,

Amandine

....

....

....

....

....

....

....

....

....

....

....

....

....

ENTRAÎNEMENT AU DELF A2 Partie 4 - PRODUCTION ORALE

LES CLÉS POUR L'ENTRETIEN DIRIGÉ

Dans cet exercice, vous devez vous présenter et parler de votre environnement proche. Cette première partie de l'examen dure environ 1 minute 30.

Quand vous rencontrez quelqu'un pour la première fois, qu'est-ce qui vous intéresse ? Connaître son prénom et avoir quelques informations sur sa vie (ce qu'il/elle fait, où il/elle vit, mais aussi ce qu'il/elle aime pour découvrir vos points communs). Il vous est demandé la même chose pour l'examen.

■ Exemple

Écoutez et lisez la transcription de l'entretien dirigé:

Transcription :

- *Bonjour Monsierur*
- *Bonjour Monsieur. Vous pouvez vous asseoir.*
- *Merci.*
- *Comment vous vous appelez ?*
- *íñigo Lasa.*
- *Vous êtes étudiant ?*
- *Oui. J'étudie Histoire de l'art à l'université. Je suis en 3ème année.*
- *Ça vous plaît ?*
- *Oui. J'aime bien parce que je peux connaître l'histoire de beaucoup de pays et de beaucoup d'artistes.*
- *Et vous pratiquez une activité artistique ?*
- *Oui. Je peins. Je suis pas très bon mais j'aime bien peindre des paysages, des rivières, des montagnes Et puis j'aime bien peindre aussi la ville. Je suis né dans un village et je pense qu'une ville c'est vraiment intéressant. Il y a beaucoup de choses à peindre : des gens, des monuments...*
- *Bien. Merci. Et votre famille, elle habite ici ?*
- *Non, non. Ma famille habite dans un petit village tout près de Bilbao.*
- *Très bien. Merci.*

C'est le premier type d'épreuve oral que vous passerez. N'oubliez pas de saluer votre examinateur.

Vous devez seulement parler de vous et de ce qui vous entoure. C'est très facile de s'y préparer.

Si vous aimez beaucoup un thème, n'hésitez pas à parler beaucoup. Mais attention, si vous ne vous sentez pas capable de parler longtemps, arrêtez-vous avant de faire beaucoup d'erreurs.

Soyez poli/e, souriant/e et détendu/e.

Si vous ne comprenez pas une question de l'examinateur, demandez-lui poliment de répéter. Mais ne demandez pas trop souvent, cela pourrait influer négativement son appréciation.

■ Exercice

Utilisez les thèmes ci-dessous pour poser des questions, puis essayez de répondre aux questions que vous avez inventées. Vous pouvez vous entraîner avec un/e camarade. L'un joue le rôle de l'examinateur et l'autre, du candidat. Ensuite, inversez les rôles.

Domicile ?	Famille ?
Études / travail ?	Activités de loisir habituelles ?
Activités sportives ?	Habitudes alimentaires ?

Les clés pour parler de... mes problèmes 4

DANS CETTE UNITÉ, NOUS ALLONS PARLER DE NOS PROBLÈMES ET DE LA FAÇON DE LES RESOUDRE

Les clés pour

- **décrire des objets et leur fonctionnement**
- **parler d'un service**
- **décrire le corps et parler de la santé**
- **se plaindre ou se réjouir**
- **parler d'un problème**
- **donner des conseils**

Les clés pour bien utiliser

- **la négation avec** plus**,** jamais**,** rien**,** aucun**,** pas du tout **et** personne
- **le passé composé (la négation)**
- **les pronoms à l'impératif au négatif**
- **le conditionnel**

Entraînement au DELF A2. Les clés

- **pour comprendre une conversation entre locuteurs natifs (CO)**
- **pour comprendre les titres de presse (CE)**
- **pour écrire une lettre ou un courriel (PE)**
- **du monologue suivi (l'évaluation) (PO)**

lexique

PLURIEL DES MOTS EN -OU
Les mots qui se terminent par **–ou** prennent un **s** sauf les mots suivants : *bijou, caillou, chou, genou, hibou, joujou* et *pou* qui prennent un **x**.
*Ils ont sauté comme des **fous** et maintenant ils ont mal aux **genoux.***

1 | Le vocabulaire du corps et du visage

A Pierre découvre avec Maestro, le personnage principal de « Il était une fois la vie », le corps humain. Aidez-le à compléter les parties du visage et du corps indiquées par les flèches.

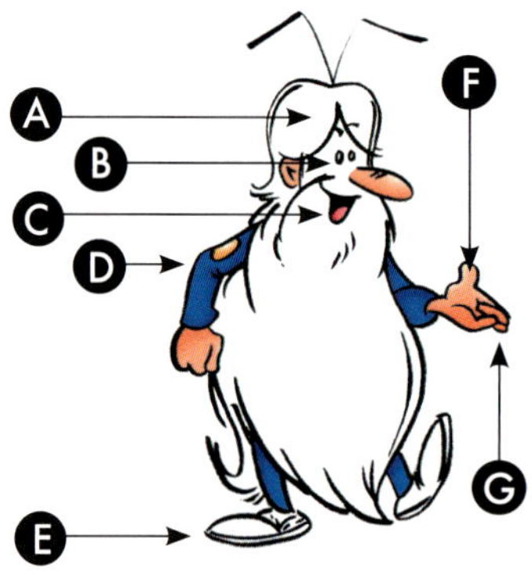

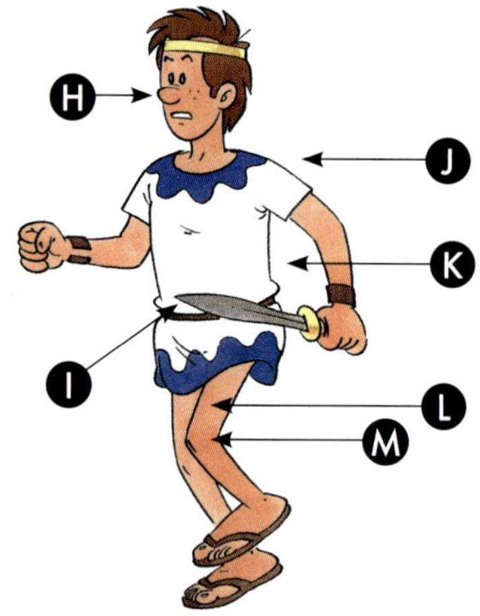

AVOIR MAL À...
Quand on a une douleur, on utilise : **avoir mal à** + ARTICLE + NOM
***J'ai mal à** la tête.*
***J'ai mal au** cou.*
***J'ai mal à** l'estomac.*
***J'ai mal aux** dents.*

B Complétez les expressions avec les mots proposés :

gorge langue dents cœur estomac peau sang

On dit que les nobles ont le .... bleu.
J'ai trop mangé, j'ai mal à l'.........
Je vis grâce à lui, c'est le ....
Il a des difficultés à parler et à avaler, il a mal à la ....
Quand j'ai mal aux .... , je vais chez le dentiste.
Elle est allé chez le dermatologue, elle a des problèmes de ....
Elle est au milieu de la bouche, c'est la .....

2 | Parler de la santé

A Répondez au test suivant : menez-vous une vie saine ? Signalez ce que vous faites ou ne faites pas.

Menez-vous une vie saine ?

Je fais du sport ou de l exercice...
- ❑ **a.** tous les jours.
- ❑ **b.** de temps en temps.
- ❑ **c.** jamais.

.e matin,
- ❑ **a.** je prends un bon petit déjeuner.
- ❑ **b.** je bois seulement un café.
- ❑ **c.** je ne prends pas de petit déjeuner.

le mange à des heures régulières,
- ❑ **a.** souvent.
- ❑ **b.** de temps en temps.
- ❑ **c.** jamais.

Je fume...
- ❑ **a.** jamais.
- ❑ **b.** 5 à 10 cigarettes par jour.
- ❑ **c.** un paquet par jour ou plus.

Je mange...
- ❑ **a.** un peu de tout et surtout du poisson.
- ❑ **b.** plutôt de la viande.
- ❑ **c.** surtout des hamburgers et des sandwiches.

Je bois...
- ❑ **a.** 2 litres d'eau par jour.
- ❑ **b.** peu d'eau.
- ❑ **c.** seulement des sodas.

vous avez un maximum de :
a Félicitations ! Vous menez une vie très saine et vous savez vous maintenir en forme !
b Vous avez tendance à oubliez vos bonnes habitudes. Respectez les règles d'une bonne hygiène de vie.
c Attention ! Vos habitudes sont mauvaises et vous pourriez avoir des problèmes de santé ! Faites du sport et mangez plus équilibré !

B Lisez les solutions. Est-ce qu'elles vous correspondent ? Présentez vos habitudes.

Le matin, je prends un bon petit déjeuner, je mange...

- *Tu fais souvent du sport, toi ?*
- *Oui, de temps en temps, et toi ?*

3 | Donner des conseils

A Trouvez les solutions aux problèmes de ces personnes. Trouvez la réponse adéquate et complétez par l'expression qui convient (attention, il y a plusieurs possibilités).

Vous devriez   Je vous conseille de   Je vous recommande de
À votre place   Il est essentiel de

- Je ne me sens pas bien. J'ai mal à la tête.
- Je suis morte de sommeil.
- Je travaille trop.
- Qu'est-ce que je peux faire pour être en forme ?
- Je dois prendre une décision très importante.

- .... faire du sport.
- .... prendre des vacances.
- ...., j'irais me coucher.
- .... consulter un expert.
- ...... aller chez le médecin et de te soigner.

B Complétez ces conseils en utilisant les expressions de l'exercice.

Pour être un étudiant parfait, *il faut ...*
Vous n'êtes pas en forme ? ...
Si vous voulez bien apprendre une langue étrangère, ...
Pour manger équilibré, ...
Vous voulez être apprécié de vos collègues ? Alors, ...

4 | Décrire un objet

A Pour fêter son 10ème anniversaire, le magasin La maison Électro offre un téléviseur à écran plat. Pour le gagner, vous devez remplir le bulletin de participation et répondre aux questions suivantes.

La maison Électro

Répondez et gagnez un téléviseur à écran plat !

C'est un petit objet qui est souvent rond. Il peut être en or, en argent, en acier ou en plastique. Il a bonne réputation quand il vient de Suisse. Il marche souvent avec des piles et il indique le temps qui passe. C'est ....

Ça s'allume et ça s'éteint. Il sonne et il peut avoir une radio incorporée. Il y a des modèles ronds, carrés ou rectangulaires. C'est un appareil indispensable pour se lever tôt le matin. C'est ....

C'est un appareil électroménager. Il est lourd et il est souvent blanc. Il a différents programmes. Les tâches ménagères ont changé grâce à lui : plus besoin de laver le linge à la main. C'est ....

C'est un appareil très utile et indispensable au bureau. Il est en plastique et métal. Il peut être léger ou volumineux. Il évolue constamment et, depuis qu'il existe, les machines à écrire ont disparu. L'écran et la souris sont ses compagnons les plus fidèles. C'est ....

B Faites deviner des objets à un/e camarade.

C'est un appareil qui ...

lexique

LA FORME DES OBJETS
un **carré** □, c'est **carré**
un **rond** ○, c'est **rond**
un **ovale** ⬭, c'est **ovale**

⚠ Mais attention :
un **rectangle** ▭, c'est **rectangulaire**
un **triangle** △, c'est **triangulaire**

POUR DÉCRIRE UN OBJET
- La fonction :
  Ça sert à...
  (À quoi ça sert ?)
- La matière :
  C'est en bois, ...
  (C'est en quoi ?)
- La couleur :
  C'est bleu, ...
  (C'est de quelle couleur ?)
- La forme :
  C'est rond, ...
  (Ça a quelle forme ?)
- La taille :
  C'est gros, c'est petit, ...
  (C'est comment ?)
- L'utilisation :
  Ça marche avec...
  (Comment ça marche ?)

lexique

LES URGENCES EN FRANCE
En cas de problème important d'ordre médical, on appelle le SAMU (Service d'Aide médicale urgente). Pour l'appeler, il faut composer le 15. On peut aussi appeler les pompiers en faisant le 18 : leur fonction n'est pas uniquement d'éteindre les incendies, ils sont aussi là en cas d'accidents de toute sorte (accidents de la route ou domestiques).

5 | Le fonctionnement d'un appareil

A Lisez les instructions pour connecter votre ordinateur à Internet et remettez-les dans l'ordre.

- ☐ Cliquez deux fois sur l'icône.
- ☐ Appuyer sur le bouton «Marche/arrêt » pour allumer l'ordinateur.
- ☐ Prenez la souris et déplacez le curseur sur le bureau.
- ☐ Vous pouvez commencer à surfer sur vos sites Internet favoris.
- ☐ Placez la souris sur l'icône «Accès à Internet».
- ☐ Cliquez sur « Accepter ».
- ☐ Vérifiez que vous avez la tonalité.
- ☐ Un message vous demandant si vous acceptez de vous connecter s'affiche.

B Complétez le texte avec les mots suivants. Conjuguez les verbes si nécessaire.

écran sélectionner introduire menu vérifier touche (2 fois)
brancher appuyer (3 fois) télécommande message câble

«.... l'appareil à une prise de 220 V et reliez le .... de connexion à votre téléviseur. .... sur le bouton «Marche/arrêt » et .... que la lumière s'allume. Quand vous lisez le .... « No CD » sur l'écran de contrôle, ... sur la .... « Open » et .... le DVD. Quelques instants plus tard, vous verrez s'afficher un .... sur l' ....de votre téléviseur. Prenez la .... et .... « Film ». .... sur la .... « Enter » et votre film commencera. »

POUR EXPOSER UN PROBLÈME
J'ai un problème.
Il y a une erreur.
Ça ne marche pas.
Il manque une pièce/la notice...

C Donnez les instructions nécessaires pour utiliser la Radio XM 2000

1. D'abord, vous devez...
2. Ensuite il faut...
3. Puis...
4. Ensuite...
5. Finalement, pour une écoute optimale...

6 | Les lieux où s'adresser en cas de problème

Complétez les phrases avec les mots suivants :

le service clientèle les pompiers le service des réclamations
le SAMU le commissariat de police le service d'assistance sur route

Si ma commande n'est pas arrivée, je téléphone...
Si j'assiste à un accident, je préviens...
Si ma voiture tombe en panne, j'appelle...
Si je suis très malade...
Pour porter plainte pour vol...
Pour faire une réclamation...

7 | Les services

Que faites-vous dans les situations suivantes ? Où vous adressez-vous ? Utilisez les expressions ci-dessous et dites à quel service vous vous adressez.

demander un remboursement   modifier une commande   confirmer une réservation
échanger un article   faire une réclamation   changer une date de livraison

On vous a offert un très joli pull acheté dans un grand magasin, mais vous avez exactement le même. *Je vais dans le grand magasin, je m'adresse à la caisse pour échanger mon pull.*

Vous êtes à Londres pour le week-end et vous rentrez demain. Il y a une grève des pilotes.

Vous installez votre nouvelle chaîne hi-fi mais, quand vous ouvrez le paquet, vous ne trouvez pas la notice.

Vous n'avez toujours pas reçu votre nouveau canapé et vous êtes sur le point de partir en vacances.

Vous attendez la livraison de 15 ordinateurs pour votre entreprise, mais vous vous rendez compte que vous avez fait une erreur. Vous avez besoin de 20 ordinateurs.

On vous a offert un voyage pour deux à Prague, mais votre compagnon tombe malade deux jours avant le départ.

lexique

POUR FAIRE UN COMMENTAIRE GÉNÉRAL SUR UNE CHOSE OU UNE SITUATION

- **C'est** + ADJECTIF au masculin singulier :
  les villes, c'est intéressant.
  le comportement que vous avez en classe, c'est inadmissible.
- **Le pronom ça** :
  Moi, la montagne, j'adore ça, mais faire du sport, je déteste ça.
  Les films d'auteur, je trouve ça nul.

8 | Se plaindre ou exprimer sa satisfaction

A « Jean qui pleure » se plaint toujours et parle de ses problèmes. « Jean qui rit » est toujours content. Qui dit quoi ? Associez ces paroles à chacun.

Ça ne va pas, je travaille trop et je suis stressé. J'en ai assez !
Au travail, c'est super ! Les collègues sont vachement sympa.
C'est génial, j'adore la campagne !
Je suis désolé, mais moi, les fêtes c'est pas mon truc.
Cette façon de traiter les étudiants, c'est inadmissible !
Je vais me plaindre et ça ne se passera pas comme ça.
Partir en week-end... C'est pas génial.
Et finalement, il n'a pas voulu reprendre mon article, c'est vraiment un scandale !
Ah non merci ! Moi, les films d'art et essai, je trouve ça nul.
Merci beaucoup pour votre invitation. J'adore rencontrer des gens nouveaux.

B Que dites-vous dans les situations suivantes ? Écrivez vos réactions.

On vous offre un cadeau que vous n'aimez pas du tout.
Votre professeur vous réprimande pour votre manque de concentration.
Un ami vous invite à une fête où vous n'avez pas envie d'aller.
L'avion que vous devez prendre est annulé.
Vous avez insisté auprès de vos amis pour voir un film et il ne leur a pas plu.
On vous invite à passer un week-end dans une station thermale.

C Demandez à un/e camarade comment il/elle réagirait dans ces situations et dites s'il est plutôt « Jean qui rit » ou « Jean qui pleure ».

• *Qu'est-ce que tu dis si ... ?*

LEXIQUE INFORMATIQUE
un ordinateur
un (ordinateur) portable
la souris
le clavier
les touches
le disque dur
une clé USB de 250 Mo
un système d'exploitation (Linux, Windows)
un logiciel (de textes, de photos)
le dossier
le fichier (.doc /.pdf /.jpeg)
faire clic ou cliquer sur…
entrer dans / quitter un logiciel
allumer / éteindre l'ordinateur

9 | Le pronom en et les pronoms COD

A Dans les phrases ci-dessous, indiquez d'une croix ce que le pronom en gras remplace.

J'**en** prends un quand j'ai mal à la tête.
☐ le cachet d'aspirine ☐ cachet d'aspirine

Si vous êtes malade, vous allez **le** voir.
☐ le médecin ☐ un médecin

Vous ne devez pas **en** manger trop.
☐ les graisses ☐ de graisses

J'**en** ai pris trois pendant les vacances.
☐ les kilos ☐ kilos

Vous pouvez **la** prendre dans une pharmacie.
☐ la tension ☐ une tension

Pour se maintenir en forme, il **en** fait régulièrement.
☐ le sport ☐ du sport

B Complétez avec les pronoms qui conviennent : **en, le, la, l', les**.

• Allô, Bob ? J'ai un problème informatique. J'ai des photos dans un dossier et je voudrais ____ passer quelques-unes sur un autre ordinateur. Est-ce que tu peux m'aider ?
○ Bien sûr ! Tu as une clé USB ?
• Euh moi non, mais Séverine ____ a une. Je vais utiliser la sienne.
○ D'accord. Eh bien après, c'est simple : tu ____ branches derrière ton ordinateur et tu attends qu'il ____ détecte.

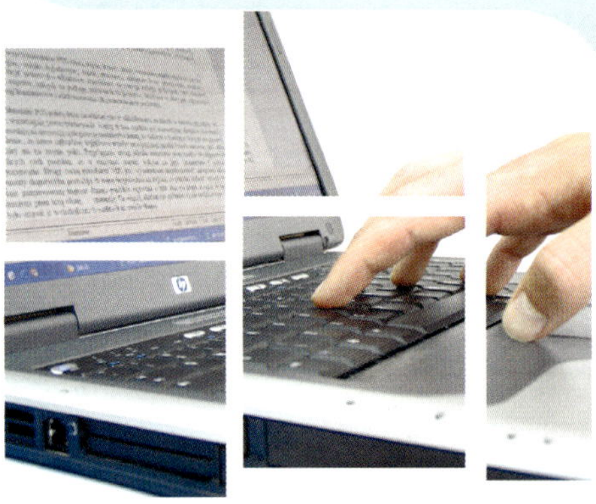

• Et après ?
○ Tu dois ouvrir ton dossier, sélectionner les photos qui t'intéressent et tu ____ copies sur ta clé.
• Et après, qu'est-ce que je fais avec la clé ?
○ Tu ____ connectes à l'autre ordinateur. Si tu n'a pas de dossier pour copier tes photos, tu ____ crées un sur le bureau. Ensuite tu transfères tes photos dans ce dossier. C'est clair ?
• Je vais essayer. Merci, à plus.

LE **NE** QUI TOMBE
Comme dans la forme négative **ne… pas**, le **ne** tombe aussi dans la langue courante (orale) avec toutes les autres formes de négation.
• *Il est jamais content.*
○ *Tu as raison, on va plus sortir avec lui.*

10 | Les négations

Complétez les phrases suivantes avec une forme négative comme dans le modèle.

J'ai mal à la tête mais (*ne… pas*) je n'ai pas d'aspirine.
Nous cherchons quelqu'un pour nous expliquer le fonctionnement de l'ordinateur, mais (*ne… personne*) ……………………
Je cherche quelque chose pour décorer mon nouveau studio, mais (*ne… rien*) ……………
Nous voulons aller au concert de Bénabar samedi, mais (*ne… plus*) ……………
Mon frère est végétarien : il mange tout le temps des légumes, mais (*ne… jamais*) ……
Dans sa bibliothèque, il a beaucoup de livres en anglais, mais (*ne… aucun*) ……………
Elles veulent acheter un billet pour les Antilles, mais (*ne… pas*) ……………
Je veux faire une omelette mais, (*ne… plus*) ……………………

PLUS OU PLUS ?
Il ne pleut ***plus*** indique que la pluie a cessé (on ne prononce pas le **s**).
Il pleut ***plus*** indique que la pluie tombe encore plus fort (on prononce le **s**).
Cette différence est particulièrement importante à l'oral car ces deux phrases peuvent paraître identiques.

11 | Le passé composé (à la forme négative)

A Ce questionnaire pour touristes est incomplet. Complétez-le avec des phrases négatives au passé composé. Ne répétez jamais la même négation !

VACANCES

1. Vous avez dû changer la batterie de la voiture sur la route des vacances. Est-ce que vous avez appelé quelqu'un pour vous aider ?
   a. Oui, j'ai appelé un mécanicien.
   b. Non, *je n'ai appelé personne*. J'ai fait moi-même le changement.
2. Vous êtes sorti/e en voiture rendre visite à un ami, mais vous avez oublié la carte routière.
   a. Pas de panique ! J'ai le sens de l'orientation : j'ai trouvé sa maison sans problème.
   b. __________ et j'ai décidé de rentrer chez moi.
3. Vous avez fait une randonnée en montagne. Il s'est mis à pleuvoir. Est-ce que vous avez mis quelque chose contre la pluie dans votre sac à dos ?
   a. Oui, j'ai mis mon coupe-vent qui me protège de la pluie.
   b. Non, __________ parce que je n'ai pas voulu me charger.
4. Vous êtes parti/e dans une île des Caraïbes. Vous avez connu beaucoup de gens ?
   a. Oui, j'ai rencontré les habitants du pays.
   b. Non, __________, j'ai préféré me reposer au bord de la piscine.
5. Des amis vous ont invité/e à passer quelques jours dans leur chalet à la montagne. Avez-vous accepté ?
   a. Oui, j'ai accepté et j'ai pris des cours de ski.
   b. Non, __________ parce que skier, c'est dangereux.

LE LANGAGE DES TEXTOS
G D pbs = *j'ai des problèmes*
Tu v1 ? Wi = *Tu viens ? Oui.*
C ou ? = *C'est où ?*
10 moi 6 tu v1 2main, Ok ? = *Dis-moi si tu viens demain, ok ?*
A + = *À plus*
Les SMS ou textos sont très pratiques. Le langage texto est de plus en plus utilisé, non seulement pour envoyer un message avec son portable (ou mobile), mais aussi dans les courriels ou dans la publicité.

grammaire

B Imaginez avec un/e camarade d'autres situations pour compléter ce questionnaire.

Vous avez prévu une visite au musée mais vous n'avez pas pris assez d'argent.
a. Pas de problème. J'ai dit que ma carte de réduction était restée à l'hôtel et on m'a laissé entrer.

• Moi, dans la situation 1, j'appellerais un mécanicien.
○ Moi, je crois que je changerais moi-même la batterie.

12 | L'impératif et les pronoms COD / COI

Marion et Damien sont chez leur psychologue et se font beaucoup de reproches. Ils se plaignent de quelques aspects de leur vie en commun. Remplacez les phrases avec **devoir** par des impératifs et, si nécessaire, le pronom COD ou COI.

M: Tu dois m'appeler de temps en temps. Et les enfants, tu dois les conduire à l'école.
D: D'accord, mais, toi, tu dois me laisser sortir avec mes amis.
M: Alors toi, tu ne dois pas te fâcher quand je téléphone à mes copines.
D: C'est bon, mais tu dois leur dire de parler moins longtemps. Et ensuite, tu dois me laisser regarder les courses de F1 !
M: Et toi, premièrement, la télé, tu dois la regarder moins souvent. Et puis, tu dois m'offrir un cadeau temps en temps et tu dois me dire des mots tendres.
D: Toi aussi, tu dois m'envoyer des textos !
Psy: Nous devons trouver une solution à cette situation. Pour les enfants, vous devez les conduire chacun votre tour. Marion, votre mari veut sortir de temps en temps, vous devez le laisser sortir. Et vous, Damien, si elle veut parler avec ses amies, vous devez la laisser.

Appelle-moi de temps en temps ! Et les enfants, ...

13 | Le conditionnel

A Complétez ce texte avec les verbes suivants au conditionnel.

aider aller faire louer ouvrir payer permettre pouvoir sortir venir

À : thom@patu.net

Objet : déménagement

Salut Thomas,

Samedi prochain, je déménage. Si tu pouvais venir, ce serait génial. On .... le déménagement en un seul jour. Tu .... même dire à Marc de venir aussi. Comme ça, on ne .... pas de fourgonnette parce que vous .... avec la vôtre, n'est-ce pas ? Ça me .... d'économiser de l'argent.
Vous nous .... à monter tous les meubles. On .... les cartons et on .... toutes les affaires. Après tous ces efforts, on .... au restaurant et je vous .... un bon repas.

Bertrand

B Thomas ne peut pas aider Bertrand mais il a une solution à proposer. Imaginez le courriel de Thomas à son ami.

À : bert@point.net

Objet : solution

Cher Bertrand,
Ce serait avec plaisir que.../... malheureusement, .../... Mais à ta place, .../...
À +

DONNER DES CONSEILS
Pour conseiller une personne, vous pouvez utiliser :
PRONOM COD + **conseiller** / **recommander** / **suggérer** + de + VERBE
Je te conseille d'étudier *les verbes irréguliers.*
Le professeur ***nous recommande de parler*** *français en classe.*
Il ***nous a suggéré de passer*** *un ou deux mois en France.*

14 | Donner des conseils

A Vous tenez la rubrique « Cabinet du Dr Padepé » dans un magazine et vous répondez aux questions des lecteurs à l'aide des formes pour donner des conseils : **L'idéal, c'est de** / **Il faut** / **Essayez (Essaie)**/ **À ta/votre place** + CONDITIONNEL.

CABINET DU DR PADEPÉ

Je dois parler en public la semaine prochaine et je ne sais pas comment faire. Qu'est-ce que vous me conseillez ?
Cher lecteur,
L'idéal, c'est d'avoir un peu de temps pour s'entraîner. Il faut travailler votre voix et essayer d'apprendre à contrôler votre respiration. Vous devriez demander à des amis de vous écouter. C'est très important.

Bonjour, j'ai 30 ans et j'habite encore chez mes parents. J'ai peur de partir habiter seul. Qu'est-ce que je peux faire ?
Cher lecteur,
À ton âge, ... J'espère que ça marchera. Courage.

Bonjour, je m'appelle Jérémie. J'adore une fille qui est dans ma classe, mais je ne sais pas si je dois lui dire quelque chose ou attendre.
Cher Jérémie,
...

B Écrivez un problème que vous avez et demandez à un/e camarade de vous conseiller.

Le pronom en

Le pronom **en** s'utilise pour remplacer :

- Les COD introduits par **de**, **du**, **de l'**, **de la** + NOM.
  - *Il boit **de l'eau** ?* ○ *Oui, il **en** boit.*
  - *Je n'ai pas **de chance** !* ○ *C'est vrai, tu n'**en** as pas !*
- Des COD introduits par un chiffre (**un, deux, trois**, etc.)
  - *Tu as une **voiture** ?* ○ *Oui, j'**en** ai une.*
  - *Il a deux **frères** ?* ○ *Non, il **en** a trois.*
- **De/d'** + NOM dans les expressions de quantité : **assez de**, **peu de**, **beaucoup de**, **trop de**, **un kilo de**, **un litre de**.
  - *Il a beaucoup **de livres de français** ?*
  - ○ *Oui, il **en** a beaucoup.*

Les formes négatives

Ne... pas n'est pas la seule forme négative. Il en existe d'autres qui permettent de préciser la négation.

- **Ne... jamais** est la négation absolue qui répond à la question **quand** ?
  *Pierre est toujours content, mais son frère **n'**est **jamais** content.*
- **Ne... plus** indique qu'une chose ou une action a cessé :
  *Mon lecteur DVD a très bien marché jusqu'à ce matin. Maintenant il **ne** marche **plus**.*
- **Ne... rien** est la négation absolue aux questions **est-ce que** ? **quoi** ?
  *Il **n'**y a **rien** sur la table.*
- **Ne... personne** est la négation absolue à la question **qui** ?
  *Il **n'**y a **personne** dans la salle.*
- **Ne... aucun/e** permet d'insister sur l'absence d'un nom comptable :
  *C'est incroyable, il connaît beaucoup de monde mais il **n'**a **aucun** ami.*
- **Aucun** s'accorde avec le nom : ***aucun** livre* et ***aucune** librairie.*

Le passé composé et les formes négatives

Le deuxième élément de la négation est placé entre l'auxiliaire AVOIR ou ÊTRE et le PARTICIPE :

*Il **n'**est **pas** venu.*
*Il **n'**a **jamais** fait d'allemand.*
*Elle **n'**a **rien** dit.*
*Il **n'**a **plus** d'argent.*

⚠ Attention : **aucun**, **personne** et **que** ne s'intercalent pas !
*Je **n'**ai vu **personne** dans cette pièce.*
*Je **n'**ai eu **aucun** problème de virus avec mon nouvel ordinateur.*
*Je **n'**ai fait **que** trois ans d'italien.*

L'impératif et les pronoms compléments

À l'impératif, les pronoms compléments sont placés après le verbe.

***Laisse-moi** passer !*
***Donne-lui** ta clé !*
***Prenez-les** avec de l'eau !*
***Mangez-en** deux fois par jour !*

⚠ À la forme négative, les pronoms retrouvent leur place habituelle.
*Ne **me** laisse pas passer !*
*Ne **lui** donne pas ta clé !*
*Ne **les** prenez pas avec de l'eau !*
*N'**en** mangez pas !*

Le conditionnel

- Le conditionnel se forme avec l'INFINITIF d'un verbe et on ajoute les terminaisons : **-ais**, **-ais**, **-ait**, **-ions**, **-iez**, **-aient**.

⚠ Si le verbe se termine par **-e**, ce **e** tombe :
prendre → je **prendrais**

- La terminaison du conditionnel est toujours la même quand le verbe est irrégulier.

	PARLER	FINIR	ENTENDRE
je	parler**ais**	finir**ais**	entendr**ais**
tu	parler**ais**	finir**ais**	entendr**ais**
il/elle/on	parler**ait**	finir**ait**	entendr**ait**
nous	parler**ions**	finir**ions**	entendr**ions**
vous	parler**iez**	finir**iez**	entendr**iez**
ils/elles	parler**aient**	finir**aient**	entendr**aient**

La prononciation des trois personnes du singulier et de la 3ème du pluriel est la même [ɛ].

- **Formes irrégulières**

Au conditionnel, certains verbes sont irréguliers. Il n'y en a pas beaucoup, mais ce sont des verbes très fréquents. Vous en avez déjà vu certains dans l'unité 2.

faire → **fer-**	pouvoir → **pourr-**	voir → **verr-**
savoir → **saur-**	falloir → **faudr-**	vouloir → **voudr-**
être → **ser-**	aller → **ir-**	appeler → **appeller-**
avoir → **aur-**	venir → **viendr-**	acheter → **achèter-**
devoir → **devr-**	envoyer → **enverr-**	falloir → **faudr-**

- Le conditionnel permet d'exprimer des souhaits, des hypothèses, de donner des conseils, etc.
  *À ta place, je me **reposerais**.*
  *Avec de l'argent, on **pourrait** faire le tour du monde.*
- Il permet aussi d'indiquer un certain degré de politesse :
  *Je **voudrais** une baguette* est plus apprécié que *Je veux une baguette.*

Conseiller ou recommander

Pour conseiller ou recommander, on utilise :

- des formes impersonnelles (**Il faut** + INFINITIF ; **L'idéal, c'est de** + INFINITIF ; **C'est bon de** + INFINITIF)
- des formes personnelles (**devoir** + INFINITIF)
- les verbes **conseiller, recommander** et **suggérer**.

15 | Les clés de la prononciation des voyelles nasales

A Dites si vous entendez en fin de phrase [a] comme dans **à**, [ã] comme dans **franc** ou [an] comme dans **Anne**.

	[a]	[ã]	[an]
1			
2			
3			
4			
5			
6			

B Dites si vous entendez en fin de phrase : [ɛ] comme dans **mer**, [ɛ̃] comme dans **main** ou [ɛn] comme dans **reine**.

	[ɛ]	[ɛ̃]	[ɛn]
1			
2			
3			
4			
5			
6			

C Dites si vous entendez en fin de phrase [ɔ] comme dans **fort**, [ɔ̃] comme dans **on** ou [ɔn] comme dans **bonne**.

	[ɔ]	[ɔ̃]	[ɔn]
1			
2			
3			
4			
5			
6			

D Dites si vous entendez en fin de phrase [œ] comme dans **heure** ou [œ̃] comme dans **un**.

	[œ]	[œ̃]
1		
2		
3		
4		

E Souvent les voyelles nasales qui terminent un mot masculin deviennent orales quand le mot est au féminin et ainsi la terminaison finit par [n]. Mais le son peut changer, comme [œ̃] de **un** et [yn] de **une** ou [ɛ̃] de **argentin** et [in] de **argentine**. Entourez le mot que vous entendez.

☐ commun	☐ commune
☐ cousin	☐ cousine
☐ chacun	☐ chacune
☐ fin	☐ fine
☐ aucun	☐ aucune
☐ radin	☐ radine

LES CLÉS POUR COMPRENDRE UNE CONVERSATION ENTRE LOCUTEURS NATIFS

Dans cet exercice, il vous est demandé de comprendre une conversation entre des personnes qui parlent sur un thème quotidien.

Tous les jours, vous êtes en présence de personnes qui parlent à deux ou à plusieurs. Parfois, vous ne participez pas à la conversation mais vous écoutez ce que les personnes disent. Dans cet exercice, c'est la même chose. Vous devez comprendre ce que disent 2 ou 3 personnes (rarement plus) qui parlent entre elles.

■ Exemple

Répondez aux questions suivantes en cochant (✘) la réponse.

Transcription :

- *Bonjour Monsieur.*
- *Bonjour Madame.*
- *Voilà, j'ai acheté cette télévision la semaine dernière et deux jours après l'installation, l'écran est devenu tout gris. C'est une bonne marque et je suis vraiment surprise.*
- *Oui effectivement, c'est surprenant. Mais d'abord, est-ce que vous avez essayé de changer la fonction couleur ?*
- *Oui, j'ai vérifié. J'ai monté et descendu le niveau de la couleur, mais ça ne change rien.*
- *Bien. C'est une équipe de notre magasin qui a installé la télé ?*
- *Oui, un certain monsieur Rozès.*
- *Quel jour exactement ?*
- *Euh, attendez... vendredi après-midi.*
- *Et vous êtes ?*
- *Madame Lonjumeau.*
- *Bien, Madame Lonjumeau. Je vais voir ce que je peux faire, mais si vous voulez, vous pouvez attendre là, au comptoir après-vente.*
- *Bien, merci. Vous avez une machine à café ?*
- *Euh, oui. Là-bas, à côté de la caisse.*
- *D'accord. Merci.*
- *À tout de suite.*
- *À tout de suite.*

	VRAI	*FAUX*	*ON NE SAIT PAS*	
1. La conversation a déjà commencé.		✘		Ils se disent « bonjour ».
2. La conversation se passe dans un magasin.	✘			« C'est une équipe de notre magasin ? » précise que la personne qui parle travaille pour un magasin et « attendez au comptoir » ou « à côté de la caisse » que cette personne est bien dans un magasin.
3. Madame Lonjumeau a acheté une machine à café.		✘		« J'ai acheté cette télévision »
4. La télévision est de la marque Telegrundig.			✘	On précise que la marque est bonne, mais on ne donne pas son nom.
5. L'installateur est du magasin.	✘			La cliente répond « oui » quand le vendeur lui demande si l'équipe est du magasin.
6. Le vendeur va revenir.	✘			Il demande à la cliente d'attendre.

Faites attention à la forme employée (**tu** / **vous**) qui indique la relation entre les interlocuteurs.

Lisez bien les questions avant l'écoute. Elles vous permettent de savoir dans quel sens ira la conversation. En effet, plusieurs thèmes peuvent être abordés.

■ Exercice 1

Répondez aux questions suivantes en cochant (X) la réponse.

1. Le dialogue a déjà commencé.
   - ☐ Vrai.
   - ☐ Faux.
   - ☐ On ne sait pas.

2. Dans l'écoute, on parle de...

☐ a

☐ b

☐ c

3. Il y a eu des réparations...
   - ☐ sur la ligne téléphonique.
   - ☐ sur le toit.
   - ☐ dans l'appartement.

4. Le client a...
   - ☐ peint les fils.
   - ☐ touché les fils.
   - ☐ entré les fils dans la boîte de contrôle.

5. Le réparateur viendra à...
   - ☐ 16h30.
   - ☐ 6h30.
   - ☐ 18h30.

LES CLÉS POUR COMPRENDRE LES TITRES DE PRESSE

Dans cet exercice, il vous est demandé de savoir à quelle rubrique appartient un titre de presse.

Quand vous lisez un journal, vous avez une idée des sujets des articles grâce à l'intitulé des différentes rubriques. Comme vous préférez certaines sections à d'autres, si vous les connaissez bien, vous savez quel type d'article vous pouvez trouver et donc choisir plus rapidement. Dans cet exercice, vous devez trouver à quelle rubrique correspond chaque titre d'article.

■ Exemple

Lisez chaque titre et inscrivez le chiffre qui lui correspond dans la rubrique appropriée.

1. **Au printemps de Bourges, les musiciens éclosent en nombre**
2. L'immigration massive est bien finie
3. Un conseil des ministres agité montre les différences au sein de la majorité
4. L'euro se défend très bien face au dollar
5. Athènes 2004, des jeux réussis
6. Le terrible ouragan Auguste permet de fabriquer de meilleures simulations climatiques

Rubrique	Titre	On mentionne
Sciences	6	Simulations climatiques
Économie	4	L'euro et le dollar
Société	2	Immigration

Rubrique	Titre	On mentionne
Sport	5	Jeux (olympiques) d'Athènes
Culture	1	Musiciens
Politique	3	Conseil des ministres

Dans chaque phrase un seul mot peut suffire à comprendre le thème. Vous ne devez pas chercher à tout comprendre.

Les principaux thèmes que vous pouvez trouver dans la presse non spécialisée sont : la culture, l'économie, les médias, la politique, les sciences, la société, le tourisme.

■ Exercice 1

Reliez les titres et les chapeaux (petite introduction de l'article).

❶ **Les portables continuent leurs avancées technologiques à grand pas**

❷ **La Bretagne : pays de phares… et des fars**

❸ **Réunion des principaux dirigeants européens à Genève**

❹ Dans l'Hexagone, les entreprises améliorent leur rentabilité

❺ Visite des Côtes d'Armor en musique

❻ **13% d'enfants pauvres : un scandale national**

Ⓐ Même si la pauvreté tend à régresser, les enfants continuent à être une catégorie sociale particulièrement touchée. Le gouvernement veut prendre des mesures pour diviser le taux de pauvreté en 5 ans et cherche des relais parmi les grandes associations caritatives du pays.

Ⓑ Dans le cadre de leur rencontre annuelle, les chefs du gouvernements de l'U.E. se retrouvent à Genève du 08 au 11 juin. Au programme : la réforme des institutions et la dette dans le tiers-monde.

Ⓒ Des côtes d'Armor aux côtes du Morbihan, il existe des dizaines de façons de préparer le far. Gwénola Le Coadic vous explique les recettes des meilleurs restaurants de la région.

Ⓓ L'année a été faste : les grands groupes français ont augmenté leurs ventes de 8% et stabilisé leurs coûts. Ainsi, certaines entreprises sortent du rouge et les marges de l'ensemble se redressent considérablement.

Ⓔ Avec les festivals de rap de Saint-Brieuc, de musique ancienne de Lanvellec ou de musique baroque de Trégor, la Bretagne nord offre aux touristes des destinations musicales de première qualité pendant tout l'automne.

Ⓕ Une nouvelle génération de téléphones portables va permettre de payer nos achats. Ils seront munis d'une puce électronique qui reliera directement le portable à un ou plusieurs comptes bancaires. Ces appareils seront au point d'ici la fin de l'année.

■ Exercice 2

Lisez chaque titre et inscrivez le nom de la rubrique qui lui correspond. Vous avez le choix entre les thèmes suivants: **économie**, **médias**, **tourisme**, **politique**, **société**, **culture**.

Attention, chaque titre appartient à une rubrique différente.

1. **Les élections ont marqué la victoire des indécis** ....

2. Les hypermarchés ont vu leur part de marché se dégrader ....

3. 2005, un bon moment pour les films français ....

4. La publicité passe inexorablement de la presse traditionnelle à la presse virtuelle ....

5. **Et pourquoi pas vos vacances d'été en Mongolie ?** ....

6. Vivre loin de ses parents : un choix difficile quand ils vieillissent ....

■ Exercice 3

Lisez chaque titre et inscrivez le chiffre qui lui correspond sous la rubrique appropriée.

1. Allez les Bleus ! s'écrie le président de la République dans sa ferveur pour l'équipe de France
2. Les administrations locales demandent au gouvernement plus de pouvoirs
3. Mariages et naissances en hausse.
4. Le pétrole toujours plus cher à la pompe
5. Atterrissage sur Vénus, décollage des recherches dans les laboratoires
6. Les chaînes TF1 et M6 se battent pour qu'Esther et Paul animent une de leurs émissions musicales

Société	Culture	Sport	Sciences	Politique	Économie

ENTRAÎNEMENT AU DELF A2 Partie 3 - PRODUCTION ÉCRITE

LES CLÉS POUR ÉCRIRE UNE LETTRE OU UN COURRIEL

Dans cet exercice, vous devez écrire une lettre ou un courriel pour inviter quelqu'un ou demander quelque chose.

Pour inviter quelqu'un, demander quelque chose ou même vous plaindre, vous préférez parfois écrire un courriel ou une lettre au lieu de téléphoner. Dans cet exercice, vous devez faire la même chose, en suivant les indications fournies.

Exemple

Vous avez laissé à **un ami** ❶ **votre chaîne hi-fi** ❷ pour **une fête** ❸ qu'il a organisée. Il vous **a rendu le matériel un mois plus tard** ❹, mais **le son ne fonctionne plus** ❺. Vous lui demandez de **venir chez vous pour l'arranger** ❻ .

sans titre

Envoyer | Envoyer plus tard | Ajouter des pièces jointes | Signature | Options

Bonjour Thierry ❶,

Je t'ai prêté ma chaîne hi-fi ❷ pour ta fête d'anniversaire ❸ le mois dernier ❹ et je ne suis pas du tout content.
Ma chaîne ne marche plus. Il n'y a plus de son ❺. Alors, j'aimerais bien que tu viennes chez moi pour la réparer ❻. Tu peux passer un soir ou le week-end prochain, mais sois rapide.

J'attends ta réponse.

À bientôt.

Pat

■ Informations demandées ■ Informations inventées

- Il s'agit toujours de lettres ou de courriels informels.
- Pour être créatif, il suffit de donner quelques précisions sur ce qui vous est demandé (inventer un nom ou un prénom, une date, un motif, etc.). Mais attention, ne soyez pas trop créatif ! Le texte doit être très court.
- Votre texte doit faire de 60 à 80 mots (respectez cette indication avec +/- 10%).

■ Exercice 1

Vous êtes immobilisé/e chez vous à cause d'un problème de santé. Vous écrivez un courriel à un/e camarade de classe pour lui demander de vous passer les cours et les devoirs. Vous lui demandez aussi s'il/elle pourra rester un moment pour vous les expliquer.

ENTRAÎNEMENT AU DELF A2 Partie 4 - PRODUCTION ORALE

LES CLÉS DU MONOLOGUE SUIVI (L'ÉVALUATION)

Dans cet exercice, l'évaluation porte sur des capacités communicatives et des capacités linguistiques.

Quand vous écoutez quelqu'un parler, vous aimez le comprendre de façon globale et dans les détails, mais vous aimez aussi avoir la sensation que cette personne parle bien. Dans cet exercice, vous êtes évalué/e de la même façon. Vos capacités pour transmettre un message seront appréciées, mais vous devez aussi parler le plus correctement possible. Cet exercice est la deuxième partie de la production orale.

Proportions de la note de :

Évaluation pragmatique et sociolinguistique : 60% de la note de cette épreuve.
Évaluation linguistique : 40% de la note de cette épreuve.

- Vous avez 10 min. de préparation pour le monologue suivi et l'exercice en interaction. Réservez 5 min. pour l'un et 5 min. pour l'autre.
- Les exercices de production orale s'enchaînent les uns après les autres. L'examinateur indique la transition entre chaque exercice.
- Pour vous entraîner pendant les exercices de monologue suivi, vous pouvez utiliser cette grille d'auto-évaluation (remplissez-la à l'aide de croix).

Capacités pragmatiques et sociolinguistiques	0	0,5	1	1,5	2	2,5	3	3,5	4
1. Peut présenter de manière simple un évènement, une activité, un projet, un lieu, etc. liés à un contexte familier. Restez simples ; ne compliquez pas trop votre présentation.									
2. Peut relier entre elles les informations apportées de manière simple et claire. Parlez avec simplicité mais utilisez de temps en temps des pronoms personnels ou relatifs, des connecteurs, etc.									
Capacités linguistiques									
1. Lexique (étendue et maîtrise) : Peut utiliser un répertoire limité mais adéquat pour gérer des situations courantes de la vie quotidienne. N'utilisez pas de vocabulaire trop compliqué, utilisez juste le vocabulaire de situations de la vie quotidienne.									
2. Morphosyntaxe : Peut utiliser des structures et des formes grammaticales simples. Le sens général reste clair malgré la présence systématique d'erreurs élémentaires. Soyez simples. Vous pouvez faire des erreurs d'un niveau plus bas, mais l'important c'est de vous exprimer clairement.									
3. Maîtrise du système phonologique : Peut s'exprimer de façon suffisamment claire. L'interlocuteur devra parfois faire répéter. Articulez bien et parlez tranquillement, l'important c'est d'être bien compris. N'ayez pas peur si l'examinateur vous demande de répéter ; il est conscient que votre niveau n'est pas très élevé et il fait cela pour vous aider.									

■ Exercice 1

Parlez de la dernière fois où vous avez offert un cadeau à quelqu'un. Pour cela, préparez un petit texte.

Faites votre présentation à un/e camarade. Vous serez le candidat et votre camarade, l'examinateur. Il/elle devra vous évaluer avec la grille d'évaluation du monologue suivi.

Inversez les rôles.

■ Exercice 2

Parlez à un/e camarade d'un problème que vous avez eu avec un objet, un appareil ou un service. Pour cela, préparez votre présentation par écrit.

Faites votre présentation à un/e camarade. Vous serez le candidat et votre camarade, l'examinateur. Il/elle devra vous évaluer avec la grille d'évaluation du monologue suivi.

Inversez les rôles.

Les clés pour parler de...

ma ville et ma région

5

DANS CETTE UNITÉ, NOUS ALLONS PARLER DE...

Les clés pour

- **donner des explications, renseigner sur un lieu**
- **orienter quelqu'un dans une ville ou dans une région**
- **donner des explications sur les fêtes et traditions**
- **parler du zoo**

Les clés pour bien utiliser

- **le futur simple**
- **le pronom relatif** où
- **le pronom personnel** y
- **les comparatifs** mieux **et** meilleur
- **les superlatifs**

Entraînement au DELF A2. Les clés

- **de la compréhension de l'oral (l'évaluation) (CO)**
- **de la compréhension des écrits (l'évaluation) (CE)**
- **de la production écrite (l'évaluation) (PE)**
- **de l'entretien dirigé et l'exercice en interaction (l'évaluation) (PO)**

lexique

POUR DÉCRIRE UN ENDROIT

- Positif :
  C'est super / beau / joli / coloré / animé / intéressant / calme...
  Il y a plein de choses à faire/voir...
- Négatif :
  C'est nul / moche (laid) / sans intérêt / mort / triste / ennuyeux / bruyant...
  Il n'y a rien à faire...
- Autre :
  C'est grand / étendu / immense / petit / minuscule / vieux / ancien / moderne...

POUR DÉCRIRE UN LIEU

- La taille :
  - ● *C'est grand ?*
  - ○ *C'est une ville de taille moyenne / c'est tout petit ...*
- Le climat :
  - ● *Quel temps il fait ?*
  - ○ *Il fait toujours beau / c'est assez pluvieux*
- La situation géographique :
  - ● *C'est où exactement ?*
  - ○ *Au nord de Paris / à 50 km de ...*
- L'aspect extérieur :
  - ● *C'est comment ?*
  - ○ *C'est joli...*
- L'ambiance :
  - ● *C'est sympa comme endroit ?*
  - ○ *C'est très gai et coloré / c'est mort...*

LE RELIEF ET LES CÔTES EN FRANCE

La France a des paysages très variés. Ceux qui veulent aller à la mer ont le choix entre les grandes plages de Normandie au nord-ouest, les côtes sauvages de Bretagne à l'ouest, les plages océaniques au sud-ouest ou la côte méditerranéenne au sud du pays. Ceux qui préfèrent la montagne peuvent trouver de petites et moyennes montagnes dans le centre (le Massif central) et au nord-est (les Vosges, le Jura) et de hautes montagnes à l'est (les Alpes, avec le Mont Blanc, 4807 m) et au sud (les Pyrénées).

1 | Parler d'une ville

Pour choisir une ville où vivre, quels sont les éléments les plus importants pour vous ? Vous pouvez ajouter des exemples.

- la situation géographique
- l'ambiance (gens, animation, boutiques)
- les services (transport, services administratifs, hôpitaux)
- l'architecture
- le climat
- la région, les alentours
- les accès (aéroport, gare, autoroute)
- la propreté des rues
- les sorties (cafés, restaurants, spectacles)
- ....
- ....

● *Pour moi, le plus important pour la qualité de vie c'est...*
○ *Ah bon, pourquoi ?*

2 | La description d'un lieu

A Ces deux extraits présentent chacun une ville. Dites dans laquelle vous préféreriez passer 10 jours de vacances.

MÉRIBEL

- A proximité des aéroports internationaux de Lyon et Genève.
- Accès en voiture par l'A43, la N90 et à la D90, à 200 km de Lyon et 630 km de Paris.
- Ski : le plus grand domaine skiable du monde avec plus de 600 km de pistes.
- Randonnées à pied organisées, patin à glace, piscines.
- En été : découverte de la nature, escalade, VTT, rafting.
- Visites culturelles : les chemins du Baroque (visite guidée des églises), visite du musée de la vallée des Allues.
- Températures : **hiver** : de -10° à 13° **été** : de 12° à 28.

BORMES LES MIMOSAS

- Entre Toulon (40 km) et Saint-Tropez, à 22 km du littoral et des plages paradisiaques de la Méditerranée.
- Fêtes : Mimosalia (janvier), grand corso fleuri (février), fête du village (août).
- Nautisme, plongée sous-marine, croisières.
- Randonnées pédestres, cyclotourisme.
- Visite du parc naturel du Cigalou.
- Découverte des plats provençaux traditionnels et de l'artisanat (les santons de Provence).
- Températures douces toute l'année.
- Bormes « ville fleurie » (prix national pour la décoration florale de la ville).

Je préfère aller à...
Parce qu'on peut y pratiquer...
Et on peut...
Les paysages sont...
On peut y trouver...
Le climat est...

B À votre tour, créez le prospectus d'un lieu de vacances que vous connaissez bien.

● *Je vais te présenter... c'est un endroit super, il y a...*

3 | S'orienter dans une ville ou une région

A Voici quelques points de repère utilisés habituellement pour indiquer le chemin. Pouvez-vous retrouver leur nom ?

1 
2 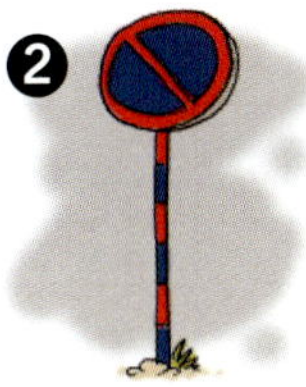
3 
4 
5 

un rond-point	.....	un feu (de signalisation)	.....
un coin de rue	.....	une forêt	.....
un panneau	.....	un parc	.....
une bouche de métro	.....	une statue	.....
un arrêt de bus	.....	une rivière	.....
un pont	.....	un tunnel	.....

6 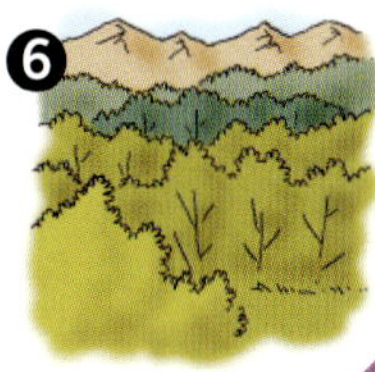
7 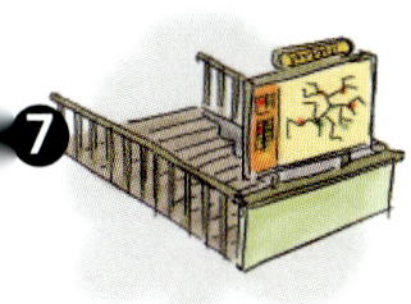
8 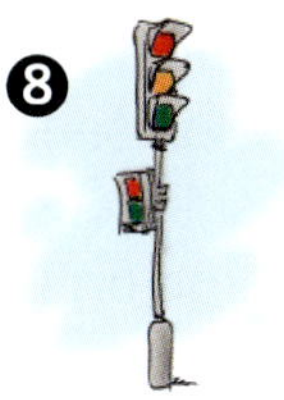
9 10 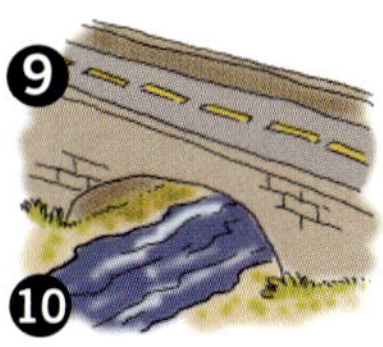
11 
12 

ORIENTER
Vous devez aller / prendre, tourner / continuer / suivre / traverser / passer...
À droite / à gauche / avant / tout droit / en face / au coin de / à l'angle de / devant / derrière / après / en direction de...
- *C'est loin ?*
- *C'est à 10 km d'ici, à 20 minutes en voiture / en train...*

B Jeremy est invité chez ses amis pour la fête des citrons à Menton, dans le sud de la France. Il consulte un site Internet pour savoir quel itinéraire il doit suivre depuis Cannes, où il habite. Complétez les informations avec les mots qui manquent.

péage (2 fois) suivre prendre la sortie (2 fois) tout droit
le rond-point boulevard sortir continuer en direction de

Km	Temps		FEUILLE DE ROUTE
			.... de Cannes. Suivre le .... Sadi-Carnot
2	0h04		À Le Cannet, continuer .... sur la N285
			.... la direction de Nice Antibes
5	0h08		Ticket de ....
5			Prendre l'A8
25	0h20		.... N°50 .... Nice-Promenade des Anglais
			.... sur l'A8
23			........................: 5,60 EUR
60	0h40		.... N°59 Menton Sospel
61	0h42		Continuer sur la D2566 pendant 1,7 km Après ...., entrer dans Menton

SUR LES ROUTES EN FRANCE
Le réseau routier français se compose de plusieurs type de routes :
- les **autoroutes** (minimum de quatre voies) sont souvent payantes (le péage) et portent un numéro (A7) ; les panneaux indicateurs sont sur fond bleu et la vitesse est limitée à 130 km/h.
- les routes **nationales** (N8, N320...) sont indiquées en rouge et la vitesse est limitée à 90 km/h.
- les **départementales** (D 126...) et les **voies communales.**

Attention ! Dans les agglomérations, il ne faut pas dépasser 50 km/h.

4 | Les traditions et les fêtes

A Retrouvez la fête décrite dans les textes ci-dessous.

Le premier mai

Le 14 juillet

La fête de la musique

La Saint-Valentin

LES JOURS FÉRIÉS EN FRANCE

Les jours où on ne travaille pas sont appelés jours fériés. Ils peuvent être d'origine religieuse, comme Noël (le 25 décembre), Pâques (en mars ou avril), le jeudi de l'Ascension (en mai), l'Assomption (le 15 août) ou la Toussaint (le 1er novembre). Ils marquent aussi des événements civils comme la prise de la Bastille (le 14 juillet, la fête nationale), la fin de la Première Guerre Mondiale (le 11 novembre), la fin de la Deuxième Guerre Mondiale (le 8 mai), le premier jour de l'année (le jour de l'an) ou la fête du travail (le 1er mai).

C'est l'occasion de commémorer la Révolution française et notamment la prise de la Bastille en 1789. C'est la fête nationale et, à Paris, le traditionnel défilé militaire a lieu en présence du président de la République. Les gens peuvent aller voir le feu d'artifice organisé par la municipalité et danser dans les bals populaires.

C'est au mois de févier, le 14. Ce jour-là, on célèbre la fête des amoureux. Pour cela, on dîne avec la personne qu'on aime et on se fait un cadeau. On peut aussi lui écrire une lettre pour lui dire qu'on l'aime.

C'est un jour férié dans de nombreux pays. En France, on a coutume d'offrir une fleur appelée **muguet** et qui porte bonheur. Ce jour-là, on en trouve à tous les coins de rue. C'est la fête du travail.

Cette fête marque l'arrivée de l'été. Ce jour-là, la France vit au rythme de la musique et il y a des concerts professionnels et amateurs organisés partout dans les villes. On peut chanter et danser partout en France tard dans la nuit.

B Pouvez-vous décrire une fête de votre ville ou de votre région ?

La date, c'est le…

Chez moi, on fête…

On a coutume de…

Traditionnellement, on…

On fait…

5 | Le zoo

A Théo est allé passer une journée au zoo avec sa famille. Regardez ces photos. Pouvez-vous dire quels animaux il a vus ?

B Théo participe au concours organisé par le zoo pour tester les connaissances des visiteurs sur les animaux. Pouvez-vous l'aider à le compléter ?

Classez les animaux suivants dans les catégories. (Attention certains animaux peuvent faire partie de plusieurs catégories). Les gagnants bénéficieront d'une carte de membre de l'Association des amis du zoo pour toute l'année !!!

chat, aigle, souris, lapin, tortue, loup, pigeon, ours, cochon, vache, araignée, taureau, chameau, tigre, cheval, chien, mouton, chèvre, âne, oiseau, canard, hippopotame, oie, poule, coq, abeille, guêpe, serpent, grenouille

les animaux sauvages	les animaux de compagnie ou des villes	les animaux de la campagne

C Quel est votre animal préféré ? Écrivez un petit texte pour parler de l'animal que vous préférez et expliquez pourquoi.

Moi, je préfère le...
Je l'aime bien parce que...

D Imaginez que vous êtes un animal. Quel animal êtes-vous ? Faites-le deviner à un/e camarade.

• *Je suis grand et je vis dans...*

LES ANIMAUX DOMESTIQUES

En France, les animaux domestiques sont très populaires. On estime que plus de 50% des foyers français possèdent un animal domestique, dont environ 27% un chien, 25% un chat, 10% un poisson, 6% un oiseau, 5% un rongeur. En France, on compte 9,7 millions de chats et 8,8 millions de chiens. Ils ont leurs magazines ; le plus connu, *Trente millions d'amis* se vend à 90 000 exemplaires chaque mois. La société protectrice des animaux (la SPA) est aussi très active.

6 | Le futur simple (1)

Complétez les phrases suivantes à l'aide d'une des expressions ci-dessous, que vous conjuguerez au futur simple comme dans l'exemple.

Faire venir de nombreux touristes
Ne plus vouloir rentrer dans ton pays
Devoir se faire vacciner
Envoyer une carte postale
Appeler
Être en France
Voir la Grande Muraille
Falloir prendre un parapluie
Pouvoir visiter tous les musées de la ville

Si nous allons en Chine, nous verrons la Grande Muraille.
S'il pleut, ...
Donnez-moi votre adresse, ...
Si tu pars étudier à l'étranger, ...
Quand .... , pense à nous acheter quelques spécialités françaises.
Si tu vas passer les vacances dans un pays tropical l'été prochain, ...
Si vous achetez ce forfait, ...
.... pour nous dire qu'il est bien arrivé.
Les experts disent que les Jeux Olympiques ....

7 | Le futur simple (2)

A Voici un extrait du récit de la vie du reporter Gérard Ricci. Lisez-le et imaginez ce qu'une voyante lui aurait dit 50 ans avant. Pour cela, utilisez le futur simple, sans oublier de modifier les pronoms quand c'est nécessaire.

J'ai eu une vie pleine d'aventures. J'ai voyagé partout dans le monde, j'ai vu des paysages merveilleux et j'ai rencontré des personnes fantastiques qui m'ont beaucoup appris sur leur culture et leur religion. J'ai particulièrement été marqué par un voyage dans les montagnes de l'Himalaya. Je suis resté plus de 9 mois là-bas. J'ai rencontré ma femme dans l'avion qui nous a ramenés en Europe. Nous ne nous sommes plus quittés. Elle est devenue mon assistante et nous avons pu partager les expériences de nos voyages à travers le monde.

Je vois, Gérard, que vous aurez une vie pleine d'aventures...

LE FUTUR PROCHE / LE FUTUR SIMPLE

- Le **futur proche** désigne normalement une action proche dans le temps. Elle peut également être utilisée pour exprimer un futur lointain si on est sûr de la réalisation de l'action.
- Le **futur simple** peut aussi exprimer un futur très proche.
  Par conséquent, dans la langue courante, il est possible de combiner le futur simple et le futur proche dans une même phrase :
  - *Qu'est-ce que **tu vas faire** demain ?*
  - ***J'irai** au cinéma. Je pense que **je vais voir** le dernier film de Jugnot.*

B Écrivez un petit texte dans lequel vous décrirez comment vous imaginez votre vie dans les années à venir (votre logement, votre profession, votre vie personnelle, etc.).

Dans .... ans, j'aurai .... Je ...

8 | Les pronoms relatifs (1)

Complétez les phrases avec le pronom relatif qui convient (**qui**, **que**, **où**).

Vous prendrez la rue qui est à gauche après le feu.
Au moment .... vous arrivez au carrefour, vous tournez à droite.
Je vous déconseille d'arriver à l'heure, ... il y a beaucoup de circulation.
Le Boulevard Rousseau se trouve après le feu .... vous apercevez au bout de la rue.
Le parc .... le maire vient d'inaugurer se situe tout près de chez moi.
Pour vous garer, il y a un parking .... se trouve à peine à 100 mètres.
Suivez cette rue jusqu'au panneau .... indique « Centre commercial ».
Vous devez reprendre la route juste avant le pont .... vous avez traversé.
Vous ne pouvez pas vous tromper, c'est là .... ils font des travaux.
Vous verrez, il y a une boulangerie .... fait l'angle.

grammaire

où / ou
- **Où** avec un accent grave sur le u (ù) est un adverbe ou un pronom :
  - ***Où*** *tu habites ?*
  - *Dans la ville* ***où*** *je suis né.*
- **Ou** sans accent est une conjonction :
  - *A* ***ou*** *B ?*
  - *B.*

9 | Les pronoms relatifs (2)

A Complétez le texte avec les extraits de phrases ci-dessous, introduites par un pronom relatif (**qui**, **que**, **où**).

il y a plein de restaurants — il y a tous les monuments — n'est pas très cher
je passe quelques jours avec Sandrine — on a mangé un plat typique
ont vécu les rois de Bohème — on donne au quartier juif de la Vieille ville
on mange ici — nous faisons — a plus de 700 ans — aimes la musique

Cher Dominique,

Je t'écris de Prague où je passe quelques jours avec Sandrine. Nous avons trouvé un petit hôtel sympa et .... Ce sont vraiment de beaux monuments historiques. Il se trouve dans le centre, là .... Nous avons visité le quartier Josefov, c'est le nom .... Nous sommes allés aussi au château .... L'autre jour, on nous a indiqué un quartier .... Nous en avons trouvé un .... : c'était un goulash bohémien. On nous l'a servi dans un bol en pain ! Les plats .... ne sont pas très légers mais ils sont très bons.
Toi ...., tu apprécierais le musée dédié à Mozart.
Nous te montrerons toutes les photos .... quand nous rentrerons.

À bientôt,

Arnaud.

B À votre tour, complétez les phrases suivantes :

J'habite une rue **où** ....
J'ai des voisins **qui** ....
Je n'aime pas sortir les jours **où** ....
J'aime aller dans des endroits **que** ....

grammaire

Y ALLER AU FUTUR
Le pronom **y** ne peut pas être utilisé avec le verbe **aller** conjugué au futur simple.
Est-ce que tu iras à Paris pendant les vacances ? Oui, j'irai.
Mais la phrase peut être renforcée à l'aide de **là-bas** ou d'une précision (*une quinzaine de jours, voir ma mère*).

Y, EN ET L'IMPÉRATIF
À la deuxième personne du singulier de l'impératif, les verbes en **–er** accompagnés du pronom **en** ou du pronom **y** prennent un **s** à la forme affirmative : *manges-**en** ! vas-**y** !*

MIEUX OU MEILLEUR
Pour savoir s'il faut utiliser **mieux** ou **meilleur**, il faut oublier la comparaison et se demander si on dirait *bon* ou *bien*.
*Tu as **mieux** / **meilleur*** (?) *réussi cet exercice que le précédent.*
On dirait *tu as bien réussi cet*, donc *tu as **mieux** réussi cet exercice que le précédent.*

LE PIRE / MAUVAIS
Généralement, **le pire** sert à marquer une certaine insistance. Sinon on utilise **le plus mauvais**.
*Ce film est vraiment **mauvais**, mais très **mauvais**.*
*Je crois que c'est **le pire** de cette année.*

10 | Les pronoms y et en

A Dans les phrases suivantes, dites quel est le complément que le pronom **y** ou le pronom **en** remplace.

Il adore la Bretagne. Il **y** passe ses vacances d'été.
(= Il passe ses vacances d'été en Bretagne.)
Non, il ne part pas pour les États-Unis. Il **en** vient.
(= Il vient ....)
Voici l'adresse de ce restaurant, on **y** mange très bien.
(= On mange très bien ....)
Tu vois cette pâtisserie ? On **y** fait d'excellents gâteaux.
(= On fait d'excellents gâteaux ....)
Ce canapé est très confortable. Je m'**y** installe quand je rentre du travail.
(= Je m'installe .... quand je rentre du travail.)
Son bureau est vide. Il vient d'**en** sortir.
(= Il vient de sortir ....)

B Sur le modèle des phrases ci-dessus, écrivez à votre tour deux phrases avec **y** et deux avec **en**, puis proposez à un/e camarade de les compléter.

11 | Mieux et meilleur

Complétez ces affirmations par **mieux**, **meilleur**, **meilleure**, **meilleurs** ou **meilleures** et dites si vous êtes d'accord. Si vous n'êtes pas d'accord, dites pourquoi.

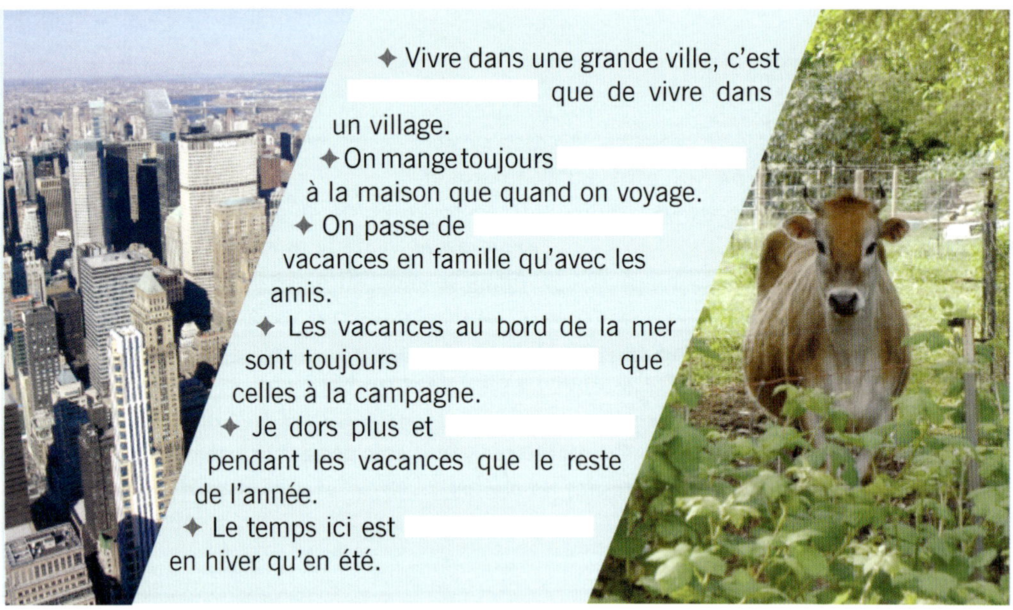

12 | Les superlatifs

À l'aide d'un superlatif (**le plus…**, **le moins…**, **le meilleur**, **le pire**), dites ce que vous évoquent les noms de la liste ci-dessous. Répondez comme dans l'exemple.

Un pays…
Pour moi, le plus petit pays que j'ai visité, c'est le Luxembourg. Et pour vous ?

Un voyage…	Un repas…
Un souvenir de vacances…	Une ville…
Un musée…	Un ami…
Les habitants…	Un moyen de transport…

Parler de l'avenir

- **Le futur proche : ALLER** au présent de l'indicatif + INFINITIF
  *Je **vais aller** aux États-Unis.*
  En principe, il s'agit d'une action proche dans le temps. Mais ce temps s'utilise souvent avec la même valeur que le futur simple.

- **Le futur simple :** il se forme à partir de l'infinitif du verbe suivi des terminaisons (**-ai**, **-as**, **-a**, **-ons**, **-ez**, **-ont**).
  *Tu **arriveras** à 15 heures.*
  Si l'infinitif se termine par **–e** (PRENDRE, ATTENDRE, etc.), le **-e** final est supprimé :
  *Je **prendrai** un café au lait.*

- **Formes irrégulières**
  Au futur, certains verbes sont irréguliers. Il n'y en a pas beaucoup mais ce sont des verbes très fréquents. Ils ont la même irrégularité qu'au conditionnel.

FAIRE (fer-)
SAVOIR (saur-)
ÊTRE (ser-)
AVOIR (aur-)
DEVOIR (devr-)
POUVOIR (pourr-)
FALLOIR (faudr-)
ALLER (ir-)
VENIR (viendr-)
ENVOYER (enverr-)
VOIR (verr-)
VOULOIR (voudr-)
APPELER (appeller-)
ACHETER (achèter-)
FALLOIR (faudr-)
RECEVOIR (recevr-)

Le pronom relatif où

Le pronom relatif **où** remplace un complément de lieu :

*Toulouse, c'est la ville **où** j'ai fait mes études.*
(= J'ai fait mes études à Toulouse.)

Mais il remplace aussi un complément de temps :

*C'est une époque **où** je me suis beaucoup amusé.*
(= Je suis beaucoup amusé à cette époque.)

Le pronom complément circonstantiel de lieu Y

Le pronom **y** remplace un complément de lieu introduit par une préposition : **à**, **en**, **dans**, **sur**, **sous**.

*Il a habité au Brésil pendant deux ans. Maintenant il n'**y** habite plus. (**y** = au Brésil)*
*Eileen ne vit plus en Irlande mais elle **y** va tous les étés. (**y** = en Irlande)*
*D'habitude, il range ses lunettes sur son bureau mais aujourd'hui, elles n'**y** sont pas. (**y** = sur son bureau)*

Les comparatifs irreguliers mieux et meilleur

- **Mieux** est le comparatif de **bien**. Il est invariable.

  • *On mange bien dans la pizzeria « Da Sergio ».*
  ○ *Oui, mais je trouve qu'on mange **mieux** à « La belle napolitaine ».*

- **Meilleur** est le comparatif irrégulier de **bon**. Comme tous les adjectifs, il s'accorde en genre (masculin, féminin) et en nombre (singulier, pluriel).

  • *Il m'a donné une bonne recette pour faire les pâtes.*
  ○ *On va voir si elle est **meilleure** que la mienne.*

13 | Les clés de l'orthographe des voyelles nasales

Il existe 4 sons de voyelles nasales en français : [ɑ̃] comme **dans**, [ɛ̃] comme **parfum**, [ɔ̃] comme **bon**, [œ̃] comme **un**.

A Dites quel est le son nasal en commun dans les mots de fin de phrase.

C'est pour chacun.
Ce n'est pas du parfum.

[ɑ̃]	[ɛ̃]	[ɔ̃]	[œ̃]

B Dites quel est le son nasal en commun dans les mots de fin de phrase.

Vous voyez, ça tombe !
La partie supérieure est ronde
Je vais analyser votre compte

[ɑ̃]	[ɛ̃]	[ɔ̃]	[œ̃]

Dites de quelle façon ce son peut s'écrire : ......, ..., ...
La lettre **m** s'utilise devant les lettres : ...... et ....

C Dites quel est le son nasal en commun dans les mots de fin de phrase.

Ils me le vendent.
Je les ai achetés ensembles.
Plaignez-vous à la banque !
Prenez la rampe !
Je me suis blessé à la tempe.
Tu veux que je l'emmène ?

[ɑ̃]	[ɛ̃]	[ɔ̃]	[œ̃]

Dites de quelle façon ce son peut s'écrire : ......, ..., ..., ..., ...
La lettre **m** s'utilise devant les lettres : ......, ... et ......

D Dites quel est le son nasal en commun dans les mots de fin de phrase.

Oui, c'est certain.
Votre appareil est ancien.
Je vous trouve très sain.
J'ai mal au pharynx.
Je n'ai pas faim.
C'est très simple !
C'est plein.
Il est très sympa !

[ɑ̃]	[ɛ̃]	[ɔ̃]	[œ̃]

Dites de quelle façon ce son peut s'écrire : ......, ..., ..., ..., ..., ..., ..., ...
La lettre **m** s'utilise devant les lettres : ...... et ......

LES CLÉS DE LA COMPRÉHENSION DE L'ORAL (L'ÉVALUATION)

Tout au long des ces unités, nous avons vu les différents types d'épreuves de la compréhension orale et nous vous avons donné des conseils pour les aborder. Voyons maintenant comment les examinateurs vont évaluer votre travail.

Cet examen est noté sur 25 points répartis de la façon suivante :
- 5 points pour les annonces et instructions orales ;
- 8 points pour les émissions de radio et enregistrements ;
- 12 points pour la conversation entre locuteurs natifs.

Vous devez être capable de comprendre des interventions simples et claires. Les phrases seront courtes et peu complexes.

Les expressions et le vocabulaire sont ceux de la vie quotidienne.

En général, vous devez cocher des réponses ou écrire des numéros. Vous devez aussi parfois écrire des phrases simples.

Les questions sont fermées. La réponse doit correspondre clairement à un élément du document.

■ Exercice 1

Première partie de l'enregistrement :

1. Vous téléphonez à un centre d'information routier. Vous voulez savoir comment avoir des informations régulières en voiture.

Touche n° : ....

Deuxième partie de l'enregistrement :

2. On peut entendre la radio dans un rayon de 30 km de chaque ville.

- ☐ Vrai.
- ☐ Faux.
- ☐ On ne sait pas.

3. Pour écouter la radio dans les alentours de Narbonne, il faut mettre la fréquence...

- ☐ 86.7.
- ☐ 85.7.
- ☐ 96.7.
- ☐ 98.3.

LES CLÉS DE LA COMPRÉHENSION DES ÉCRITS (L'ÉVALUATION)

Tout au long des ces unités, nous avons vu les différents types d'épreuves de la compréhension des écrits et nous vous avons donné des conseils pour les aborder. Voyons maintenant comment les examinateurs vont évaluer votre travail.

Cet examen est noté sur 25 points répartis de la façon suivante :
- 5 points pour les annonces ou instructions ;
- 6 points pour les titres de journaux ;
- 9 points pour lire pour s'orienter ;
- 5 points pour lire et s'informer.

Dans le cas de la version pour les publics scolaires :
- 6 points pour les annonces ou instructions ;
- 9,5 points pour lire pour s'orienter ;
- 9,5 points pour lire et s'informer.

Vous devez être capable de comprendre des textes courts et très simples. Les phrases doivent être courtes et peu complexes.

Les informations que vous trouvez proviennent de documents courants comme des panneaux, des publicités, des prospectus, des menus, des horaires, des lettres ou des courriels courts et de type personnel.

En général, vous devez cocher des réponses, écrire des numéros ou citer une phrase ou une expression du texte. Vous devez éventuellement écrire des phrases très simples.

Les questions sont fermées. La réponse doit correspondre clairement à un élément du document.

■ Exercice 1

La gazette des Ardennes wallones

Une ville toujours plus propre… et fleurie

Patrick Lamot

Après avoir gagné le troisième prix de ville fleurie l'an dernier, la municipalité de Ceynis a décidé de s'attaquer à la base pour rendre sa ville plus belle et va accélérer le retraitement des déchets d'une façon originale.

Ce n'est plus possible ! Chaque habi-tant de Ceynis jette environ 1 kg de déchets* par jour et cela augmente d'année en année. C'est moins que la moyenne nationale, mais ce n'est pas suffisant. En effet, la récupération des déchets est, elle, inférieure de 50% à la moyenne nationale. Il fallait réagir !

C'est pourquoi la municipalité a décidé de mettre en place un programme de distribution de pou–belles de récupération dans chaque foyer*, mais pas n'importe quelle poubelle. Ces poubelles seront peintes avec des fleurs ou arbres différents pour chaque type de retraitement : pour les matières organiques (la nourriture, les plantes, etc.), il y aura un oranger ; pour le papier, ce sera un hortensia de couleur bleue ; pour le verre, il y aura un ficus, et pour le reste (métal, plastique, tetra-brick), ce sera un citronnier.

Orangers, hortensias, citronniers et ficus vont alors décorer nos rues et, avec ce programme, la ville pense peut-être gagner cette fois-ci le premier prix de la plus belle ville fleurie de Belgique.

** Déchets : matières qu'on jette à la poubelle / * Foyer : lieu de résidence*

1. Cet article est extrait…

- ☐ d'une brochure de publicité.
- ☐ d'un livre sur l'écologie.
- ☐ d'un journal régional.
- ☐ d'un magazine scientifique.

2. La municipalité de Ceynis a décidé de…

- ☐ planter des fleurs et des arbustes.
- ☐ distribuer des fleurs et des arbustes.
- ☐ décorer des poubelles avec des plantes.

3. **Vrai** ou **faux** ? Cochez la case correspondante (X) et recopiez la phrase ou la partie de texte qui justifie votre réponse.

	VRAI	*FAUX*
La municipalité a gagné un concours. Justification :		
Chaque foyer jette 1 kilo de déchets par semaine. Justification :		
En proportion, les habitants jettent plus de déchets que le reste de la Belgique. Justification :		
On va peindre les poubelles. Justification :		
Les gens pourront jeter des restes de pizza dans la poubelle peinte avec un oranger. Justification :		

LES CLÉS DE LA PRODUCTION ÉCRITE (L'ÉVALUATION)

Tout au long des ces unités, nous avons vu les différents types d'épreuves de la production écrite et nous vous avons donné des conseils pour les aborder. Voyons maintenant comment les examinateurs vont évaluer votre travail.

Écriture créative:
- Évaluation pragmatique et sociolinguistique : 54% de la note de cette épreuve.
- Évaluation linguistique : 46% de la note de cette épreuve.

Correspondance :
- Évaluation pragmatique et sociolinguistique : 50% de la note de cette épreuve.
- Évaluation linguistique : 50% de la note de cette épreuve.

Vous devez écrire un texte de 60 à 80 mots. Vous pouvez écrire plus, mais vous risquez de faire plus d'erreurs et donc d'être pénalisés.

Pour vous entraîner aux exercices de production écrite, vous pouvez utiliser cette grille d'auto-évaluation (remplissez-la à l'aide de croix).

Pour l'écriture créative :

Capacités pragmatiques et sociolinguistiques	0	0,5	1	1,5	2	2,5	3	3,5	4
1. Respect de la consigne : Peut mettre en adéquation sa production avec la situation proposée. Peut respecter la consigne de longueur minimale indiquée. Adaptez votre écrit à l'instruction (situation et longueur) et lisez bien la consigne pour éviter de traiter un autre sujet. Comptez correctement les mots.									
2. Capacité à raconter et décrire : Peut décrire de manière simple des aspects quotidiens de son environnement (gens, choses, lieux) et des évènements, des activités passées, des expériences personnelles. Écrivez des phrases et des expressions simples. C'est la partie la plus importante de l'exercice.									
3. Capacité à donner des impressions : Peut communiquer sommairement ses impressions et expliquer pourquoi une chose plaît ou déplaît. Donnez vos impressions positives ou négatives de façon simple.									

Pour la correspondance :

Capacités pragmatiques et sociolinguistiques	0	0,5	1	1,5	2	2,5	3	3,5	4
1. Respect de la consigne : Peut mettre en adéquation sa production avec la situation proposée. Peut respecter la consigne de longueur minimale indiquée. Adaptez votre écrit à l'instruction (situation et longueur) et lisez bien la consigne pour éviter de traiter un autre sujet. Surtout, comptez correctement les mots.									
2. Correction sociolinguistique : Peut utiliser les registres de langue en adéquation avec le destinataire et le contexte. Peut utiliser les formes courantes de l'accueil et de la prise de congé. Adaptez votre texte au destinataire ou au contexte (vocabulaire, expressions, **tu/vous**) et utilisez les formes courantes des salutations d'accueil (début de l'écrit) et de prise de congé (fin de l'écrit).									
3. Capacité à interagir : Peut écrire une lettre personnelle simple pour exprimer des remerciements, des excuses, des propositions, etc. C'est la partie la plus importante de l'exercice.									

Capacités linguistiques	0	0,5	1	1,5	2	2,5	3	3,5	4
1. Lexique/orthographe : Peut utiliser un répertoire élémentaire de mots et d'expressions relatifs à la situation proposée. Peut écrire avec une relative exactitude phonétique, mais pas forcément orthographique. Vous pouvez commettre des fautes d'orthographe, mais ce que vous avez écrit doit pouvoir se prononcer correctement.									
2. Morphosyntaxe/orthographe grammaticale : Peut utiliser des structures et des formes grammaticales simples relatives à la situation donnée, mais commet encore systématiquement des erreurs élémentaires. Vous pouvez commettre des fautes qui correspondent à un niveau inférieur. Faites simplement attention à ce qu'elles ne perturbent pas trop la communication.									
3. Cohérence et cohésion : Peut produire un texte simple et cohérent. Peut relier des énoncés avec les articulations les plus fréquentes. Faites des phrases et textes simples, mais reliez bien vos phrases avec les articulations les plus courantes (et, alors, parce que, mais, etc.)									

■ Exercice 1

Vous avez assisté à une fête dans votre ville. Décrivez à votre meilleur/e ami/e ce que vous avez fait. Écrivez un texte de 60 à 80 mots.

■ Exercice 2

Vous avez reçu ce courriel.

sans titre

Envoyer | Envoyer plus tard | Ajouter des pièces jointes | Signature ▾ | Options ▾

De : van.essa@boof.net

À : marie.tanguy@ligneinternet.com

Objet : Petits chats à donner

Salut,

La semaine dernière ma chatte Minette a eu 4 chatons. Ils sont adorables. Trois sont de couleur noire et le dernier est de couleur grise. Comme j'ai déjà Minette, je ne peux pas les garder. Tu veux un chaton ? Ça me ferait très plaisir que tu aies un bébé de Minette.
Réponds-moi vite.

Bises,

Vanessa

Vous répondez à Vanessa en la remerciant de sa proposition, mais vous ne pouvez pas accepter. Vous lui dites qu'un autre de vos amis est intéressé (60 à 80 mots).

LES CLÉS DE L'ENTRETIEN DIRIGÉ ET DE L'EXERCICE EN INTERACTION (L'ÉVALUATION)

Tout au long des ces unités, nous avons vu les différents types d'épreuves de la production orale et nous vous avons donné des conseils pour les aborder. Voyons maintenant comment les examinateurs vont évaluer votre travail.

■ Entretien dirigé

Attention ! Il n'y a pas de préparation pour cet exercice.

- Évaluation pragmatique et sociolinguistique : environ 30% de la note de cette épreuve.
- Évaluation linguistique : environ 70% de la note de cette épreuve.

■ Exercice en interaction

C'est la troisième partie de la production orale. Réservez cinq minutes pour la préparer.

- Évaluation pragmatique et sociolinguistique : environ 40% de la note de cette épreuve.
- Évaluation linguistique : environ 60% de la note de cette épreuve.

Pour vous entraîner, vous pouvez utiliser cette grille d'auto-évaluation (remplissez-la à l'aide de croix).

■ Entretien dirigé

Capacités pragmatiques et sociolinguistiques	0	0,5	1	1,5	2	2,5	3	3,5	4
1. Peut établir un contact social, se présenter et décrire son environnement familier. Au début de l'examen, n'oubliez pas de saluer et de vous présenter. Ici vous parlerez uniquement de vous.									
2. Peut répondre et réagir à des questions simples. Peut gérer une interaction simple. Soyez actifs ! Vous devez réagir avec une certaine facilité et avoir un peu d'initiative.									

■ Exercice en interaction

Capacités pragmatiques et sociolinguistiques	0	0,5	1	1,5	2	2,5	3	3,5	4
1. Peut demander et donner des informations dans des transactions simples de la vie quotidienne. Peut faire, accepter ou refuser des propositions. Restez simples ; ne compliquez pas trop les situations si vous prenez de l'initiative.									
2. Peut entrer dans des relations sociales simplement mais efficacement, en utilisant les expressions courantes et en suivant les usages de base. Dans les situations que vous devrez traiter, n'oubliez pas de saluer la personne qui joue l'autre rôle dans la conversation.									

Capacités linguistiques	0	0,5	1	1,5	2	2,5	3	3,5	4
1. Lexique (étendue et maîtrise) : Peut utiliser un répertoire limité mais adéquat pour gérer des situations courantes de la vie quotidienne. N'utilisez pas de vocabulaire trop compliqué, mais simplement le vocabulaire de la vie quotidienne.									
2. Morphosyntaxe : Peut utiliser des structures et des formes grammaticales simples. Le sens général reste clair malgré la présence systématique d'erreurs élémentaires. Soyez simples. Vous pouvez faire des erreurs d'un niveau inférieur, mais l'important c'est qu'on vous comprenne clairement en général.									
3. Maîtrise du système phonologique : Peut s'exprimer de façon suffisamment claire. L'interlocuteur devra parfois faire répéter. Articulez bien et parlez tranquillement, l'important étant d'être compris/e. N'ayez pas peur si l'examinateur vous demande de répéter ; il est conscient que votre niveau n'est pas très élevé, et il fait cela pour vous aider.									

■ Entretien dirigé

Présentez-vous, puis répondez aux questions suivantes. Vous pouvez vous entraîner avec un/e camarade. L'un joue le rôle de l'examinateur et l'autre du candidat, puis inversez les rôles.

Qu'est-ce que vous avez fait pendant vos dernières vacances ?

Où habitez-vous ?
Décrivez votre ville.

Quelle est votre fête préférée ?
Décrivez-la.

Quel est votre animal préféré et pourquoi ?

Vous avez ou vous avez eu un animal domestique ?
Si oui, décrivez-le.

■ Exercice en interaction

Vous devez mettre au point avec un ami la visite d'une ville. Décidez avec qui d'autre vous voulez partir, avec quel moyen de transport et à quelle époque de l'année. Ensuite, décidez de ce que vous voulez faire dans cette ville.

Examens

Partie 1
COMPRÉHENSION DE L'ORAL
25 points

Vous allez entendre 4 enregistrements correspondant à 4 documents différents.
Répondez aux questions en cochant (x) la bonne réponse ou en écrivant l'information demandée.

■ Exercice 1 *5 points*

Première partie de l'enregistrement :

1. Vous téléphonez au cinéma « Eldorado » et vous entendez le message suivant sur le répondeur. Sur quelle touche appuyez-vous pour acheter des places pour un film ? *1 point*

Touche n° ....

Deuxième partie de l'enregistrement :

2. La séance supplémentaire du film « Les souvenirs de Virginie » est projetée tous les jours. *2 points*

☐ Vrai
☐ Faux
☐ On ne sait pas.

3. La première séance commence à deux heures de l'après-midi. *2 points*

☐ Vrai
☐ Faux
☐ On ne sait pas.

■ Exercice 2 *8 points*

1. Vous venez d'entendre...

☐ une publicité.
☐ la présentation d'un débat de radio.
☐ la présentation d'un journal.

2. Le thème principal de ce document est...

☐ a

☐ b

☐ c

3. Dans ce document on parle de combien de personnes ?

- ☐ 55
- ☐ 155
- ☐ 255
- ☐ 555

4. On a rétabli le contact...

- ☐ vers 10h.
- ☐ vers 12h.
- ☐ vers 2h.

■ Exercice 3

12 points

Vrai, faux, on ne sait pas ? Cochez la case correspondante.

	VRAI	***FAUX***	***ON NE SAIT PAS***
1. La conversation a déjà commencé.			
2. Ce n'est pas la première fois que l'homme appelle.			
3. Le magasin est spécialisé dans la vente de téléviseurs.			
4. Le son de la télévision ne fonctionne pas bien.			
5. Un technicien va venir réparer la télévision.			
6. L'homme ne sera pas chez lui dans l'après-midi.			

Partie 2
COMPRÉHENSION DES ÉCRITS
25 points

Exercice 1

5 points

ROUTES

RÈGLEMENT DE L'ENTREPRISE

a **Ne fumez pas dans les bureaux ni dans les couloirs.**

b **Laissez les toilettes dans l'état où vous les trouvez.**

c **Respectez les horaires qui vous correspondent.**

d **Utilisez les imprimantes avec du papier recyclé pour les documents internes.**

e **Les hommes devront porter des costumes foncés et des cravates et être rasés correctement.**

f **Les femmes devront avoir les cheveux attachés et être peu ou pas maquillées.**

g **Ne prenez pas de pause-café de plus de 5 minutes et, au maximum, 3 fois dans la journée.**

h **Éteignez les ordinateurs quand vous finissez votre journée de travail.**

i **N'utilisez pas votre courrier électronique à des fins personnelles.**

Signé :
LA DIRECTION

Pour les phrases 1 à 5, indiquez dans le tableau la lettre correspondante.

1. Il faut s'habiller de cette façon pour le personnel masculin	
2. On ne peut pas excéder un certain temps de repos.	
3. Il faut éteindre le matériel informatique avant de partir chez soi.	
4. On doit arriver et partir aux heures précisées.	
5. Le tabac n'est pas autorisé dans les lieux de travail.	

■ Exercice 2

6 points

Lisez chaque titre et inscrivez le chiffre qui lui correspond dans la rubrique appropriée : **culture, cinéma, politique, mode, médias, sport**.

1. **Un film de Veinberg gagne à nouveau la palme d'or cette année**

2. **Les premières victoire des Français en tennis sont restées sans suite**

3. **Multiplication des déclarations choc du premier ministre alors que les grèves s'amplifient**

4. Les contes et les romans d'Halloween envahissent les rayons des librairies pour la Toussaint

5. **Nouvelle tendance en coiffure : mèches crantées et dégradés déstructurés façon seventies**

6. Le journal *Les Echos du Val* sort sa version électronique gratuite

Culture	Cinéma	Politique	Mode	Médias	Sport

■ Exercice 3

9 points

Lisez le texte, puis répondez aux questions.

Découverte du Québec

LA MOTONEIGE : un sport très populaire

L'inventeur de la motoneige, Joseph-Armand Bombardier, un Québécois, était loin d'imaginer, en 1937, le rôle important qu'allait jouer sa machine. Au début des années 1960, elle a donné naissance à un nouveau sport.

Moyen de locomotion primordial pour de nombreux autochtones*, la motoneige, parfaitement adaptée à l'hiver québécois, ravit* désormais tous les amateurs d'évasion. Les véritables adeptes, généralement regroupés en clubs, organisent durant toute la saison des compétitions et des manifestations très courues* et fort colorées, dont une des plus connues est, sans doute, le Grand Prix Ski-doo de Valcourt, ville où se trouve le musée Joseph-Armand-Bombardier.

Intimement liées à l'évolution de la motoneige, les courses ont toujours été très populaires. Elles se pratiquent depuis le début des années 1960, principalement dans le nord de l'Amérique. Outre les courses sur neige ou sur glace, il existe également des courses d'été. En effet, la motoneige est aussi compétitive sur le goudron, le gazon et l'eau en période estivale, que sur la neige en hiver.

Il est clair que les mordus* ont de quoi être satisfaits. Le choix des rassemblements ne manque pas, à condition de pouvoir se rendre en Amérique du Nord !

Le Bien Public, 2 janvier 2005

** autochtones : les gens de la région*
** ravit : enchante*
** courues : où les gens viennent nombreux*
** les mordus : les passionnés*

1. Ce texte vient... *0,5 point*

☐ de la presse.
☐ d'une publicité de voyages.
☐ d'un message personnel.

2. La motoneige est avant tout... *1 point*

☐ un moyen d'attirer les touristes.
☐ un moyen de transport.
☐ un moyen d'évasion.

3. Cochez la colonne **vrai** ou **faux**. *7,5 points*
Justifiez votre réponse en citant une phrase ou une expression du texte.

	VRAI	FAUX
1. La motoneige a été inventée dans les années 60 Justification :		
2. Il existe des clubs pour les gens qui aiment faire de la motoneige. Justification :		
3. Ces compétitions sont devenues populaires au cours des années 90. Justification :		
4. On peut assister à ces compétitions, surtout sur le continent américain. Justification :		
5. La pratique de la motoneige n'est pas réservée à l'hiver. Justification :		

■ Exercice 4

5 points

Vous venez de recevoir ce message sur votre ordinateur. Répondez aux questions.

sans titre

Envoyer | Envoyer plus tard | Ajouter des pièces jointes | Signature | Options

De : infos@ecossevoyage.com

À :

Objet : Le festival du conte à Édimbourgh

Pièces jointes : Aucune

Police par défaut | Taille du texte

ÉDIMBOURGH : MUSIQUE ET CULTURE SE MÉLANGENT

La ville écossaise sort de sa routine et retrouve ses rêves d'enfant. En effet, le festival international du conte aura lieu dans la première ville UNESCO de littérature du 20 au 27 octobre et accueillera les conteurs du monde entier.

Téléchargez dès maintenant le programme sur notre site www.ecossevoyage.com.
Vous pourrez aussi réserver votre place sur nos vols charter spécialement affrétés pour le festival. Nous vous offrons un pack complet avion-hôtel à partir de 490 € par personne et des possibilités d'excursions en bus dans la zone des grands lacs.
N'hésitez pas plus longtemps : cliquez ici pour faire votre réservation.
Le monde magique de l'Écosse vous attend. Allez y retrouver vos rêves d'enfants !

1. Il s'agit... *1 point*

- ☐ d'un message amical.
- ☐ d'une publicité.
- ☐ d'un article de presse.

2.Qu'est-ce que ce message annonce ? *1 point*

- ☐ La création d'un nouveau site d'internet.
- ☐ L'ouverture d'une agence de voyage.
- ☐ Un événement culturel.

3. Il est possible d'acheter en même temps un billet d'avion et des nuits à l'hôtel. *1,5 point*

- ☐ Vrai
- ☐ Faux

Justifiez votre réponse en citant une phrase du texte :

....

4. Si vous cliquez au deuxième emplacement indiqué, qu'est-ce que vous pouvez faire ? *1,5 point*

....
....

■

Partie 3
PRODUCTION ÉCRITE
25 points

■

■ Exercice 1

13 points

Un de vos amis français est venu passer la journée avec vous pendant ses vacances dans votre pays. Vous racontez dans un courriel à vos autres amis français ce que vous avez fait avec lui pendant cette journée et vos impressions. (60 à 80 mots).

■ Exercice 2

12 points

Vous avez reçu cette lettre.

20 mars 2005

Cher Monsieur,

Vous avez souhaité faire une formation dans notre établissement pendant le mois de juillet prochain. Nous vous invitons à venir nous rendre visite le 24 mai à 15h afin de connaître les lieux et de suivre un entretien avec un de nos professeurs qui vous conseillera sur la formation la plus appropriée. Veuillez confirmer votre venue à l'adresse suivante :

École Günter Sprichst
50 bis, rue de la Calandre
88000 Épinal.

Cordialement vôtre,

Paul Nader
Directeur

Vous ne pouvez pas aller à ce rendez-vous ce jour-là. Justifiez-vous, remerciez et proposez un autre jour (60 à 80 mots).

■
Partie 4
PRODUCTION ORALE
25 points
■

Vous disposez de 10 minutes de préparation pour les parties 2 et 3.

■ Entretien dirigé *(1 minute 30 environ)*

Présentez-vous en parlant de votre famille, votre profession, vos goûts, etc.
L'examinateur vous pose des questions supplémentaires sur les mêmes sujets.

Entraînez-vous avec votre professeur ou avec un/e de vos camarades.

■ Monologue suivi *(2 minutes)*

Parlez de vos études, de ce que vous aimez, ce que vous n'aimez pas dans vos études et ce que vous voudriez faire plus tard.

Répondez aux questions de l'examinateur.

Entraînez-vous avec votre professeur ou un/e de vos camarades.

■ Exercice en interaction *(3 ou 5 minutes environ)*

Vous allez au cinéma avec un ami. Vous vous mettez d'accord sur le film que vous allez voir, l'heure du rendez-vous et ce que vous ferez après.

PROGRAMME DU CINÉMA « GAUMONT »
Semaine du 17 novembre 2005

Titre	Genre	Séances			
Joyeux Noël	Drame (1h55)	14h	16h30	20h	22h30
La légende de Zorro	Aventure (2h10)	13h50	16h30	19h40	22h20
La boîte noire	Thriller (1h30)	13h40	15h50	18h	20h10
Wallace et Grommit	Animation (1h25)	13h40	15h40	17h40	----
Doom	Science-fiction (1h45)	13h30	15h45	18h	20h15

■

Partie 1

COMPRÉHENSION DE L'ORAL

25 points

■

Vous allez entendre 4 enregistrements correspondant à 4 documents différents.
Répondez aux questions en cochant (X) la bonne réponse ou en écrivant l'information demandée.

■ Exercice 1 *5 points*

Première partie de l'enregistrement :

1. Vous téléphonez à la compagnie de téléphonie Valtel. Sur quelle touche appuyez-vous si vous avez des problèmes avec les factures de cette compagnie ? *1 point*

Touche n° ....

Deuxième partie de l'enregistrement :

2. Vous voulez obtenir des renseignements d'ordre technique. *2 points*

- ☐ Vrai
- ☐ Faux
- ☐ On ne sait pas.

3. On vous demande votre numéro de passeport. *2 points*

- ☐ Vrai
- ☐ Faux
- ☐ On ne sait pas.

■ Exercice 2 *8 points*

1. Vous venez d'entendre...

- ☐ un extrait d'une émission de radio.
- ☐ une annonce sur un répondeur.
- ☐ un extrait d'un débat télévisé.

2. Quel est le thème principal de ce document ?

☐ a

☐ b

☐ c

3. Le présentateur se demande si la société devient plus...

- ☐ égoïste.
- ☐ féminine.
- ☐ stéréotypée.
- ☐ masculine.

4. Le nombre d'invités (à part le présentateur) est...

- ☐ deux.
- ☐ trois.
- ☐ quatre.

■ Exercice 3

12 points

Vrai, faux, on ne sait pas ? Cochez la case correspondante.

	VRAI	***FAUX***	***ON NE SAIT PAS***
1. La personne qui téléphone veut renouveler son ancien passeport.			
2. On lui demande une facture pour justifier son adresse.			
3. On lui demande trois photos parfaitement identiques.			
4. Elle doit porter un timbre poste.			
5. Elle pourra avoir son passeport dans un délai de trois semaines ou plus.			
6. La personne qui téléphone doit partir en voyage dans deux semaines.			

Partie 2
COMPRÉHENSION DES ÉCRITS
25 points

Exercice 1

6 points

Règles du « Jeu des sept familles »

A Distribuez sept cartes à chaque joueur. Le joueur placé à gauche de la personne qui a distribué commence.

B Pour compléter votre famille, désignez d'abord une personne parmi les joueurs.

C Demandez à ce joueur un membre de la famille que vous n'avez pas. Ne demandez pas une carte que vous avez déjà.

D Quand vous demandez une carte, dites « Dans la famille ..., je veux... »

E Si cette personne a la carte, prenez sa carte et rejouez.

F Si cette personne n'a pas la carte, piochez une carte.

G Si la carte de la pioche est celle que vous vouliez, dites « bonne pioche » et rejouez.

H Si la carte de la pioche est mauvaise, ne rejouez pas. Passez votre tour à une autre personne.

I Quand vous avez complété votre famille, vous avez gagné.

Pour les phrases 1 à 6, indiquez dans le tableau la lettre correspondante.

1. Il faut dire cette formule quand on veut demander une carte.	
2. On ne doit pas rejouer si on ne pioche pas une bonne carte.	
3. On doit commencer la partie de cette façon.	
4. Il faut demander une carte différente de celles qu'on a.	
5. Il faut suivre cette instruction si on pioche une bonne carte.	
6. On doit donner 7 cartes à chacune des personnes qui participent.	

■ Exercice 2

9,5 points

Lisez le texte, puis répondez aux questions.

PAROLES D'ÉTUDIANTS : La cohabitation façon « Auberge espagnole »

Dossier rentrée – octobre 2005 **Le Figaro Étudiant**

Aujourd'hui, un Français âgé de 15 à 44 ans sur cinq (20 %) a déjà vécu, vit ou souhaite vivre en coloc, c'est à dire partager un appartement avec d'autres personnes. Les raisons ? Financières, bien sûr. L'effet « Friends » et/ou « Auberge espagnole », sans doute aussi. Mais selon les étudiants rencontrés, le mythe de la coloc style international, avec ses petits événements tragi-comiques comme on peut les trouver dans le film, s'oppose à une réalité qui n'est pas toujours aussi facile qu'on le croit.

De l'indifférence polie – chacun sa chambre, son emploi du temps, ses amis et pas de réels échanges – à l'entente cordiale – fiesta, ouverture aux autres cultures, apprentissage des langues, ambiance de petite famille reconstituée et belles amitiés à la clé – les colocs ont en général vécu une cohabitation sans nuages* et en redemandent.

Mais il y a des exceptions !

Julien a fait face pendant six mois aux crises de nerfs de sa coloc qui cassait tout dans la cuisine, Nadine a évité ses colocs masculins et leurs attitudes ambiguës pendant tout son séjour, Anne-Sophie a supporté une coloc très sympa qui aimait les fêtes mais pas le nettoyage et tardait ou oubliait de payer son loyer*. Malgré ces problèmes, tous affirment que l'expérience a été bénéfique et que la colocation est un système positif qui fonctionne pour eux.
Des expériences qui nous montrent que tout n'est pas toujours rose comme au cinéma, mais que l'expérience vaut la peine d'être vécue.

** sans nuages : sans problème*
** loyer : somme d'argent qu'on paie chaque mois pour vivre dans un appartement*

1. Ce texte est extrait d'un magazine ...

1 point

- ☐ pour étudiants.
- ☐ féminin.
- ☐ d'actualité.

2. Selon certains étudiants rencontrés, la colocation est...

1 point

- ☐ plus difficile qu'on le pense.
- ☐ plus facile qu'on le pense.
- ☐ moins difficile qu'on le pense.

3. Cochez la colonne **vrai** ou **faux**. Justifiez votre réponse en citant une phrase ou une expression du texte. *7,5 points*

	VRAI	FAUX
1. La majorité des jeunes français a déjà vécu la colocation. Justification :		
2. Les principales raisons pour vouloir partager un appartement sont financières. Justification :		
3. Certains films ou séries télévisées ont participé au phénomène de la colocation. Justification :		
4. Dans certains cas, les colocations favorisent les échanges linguistiques. Justification :		
5. Les personnes qui ont eu de mauvaises expériences de colocation pensent que c'est un bon système de vie. Justification :		

■ Exercice 3

9,5 points

Lisez le texte, puis répondez aux questions.

Adresse : @ › aller à

Favoris · Historique · Recherche · Album · Garde-pages

LesColos.Com

3 048 Colonies de vacances, camps et centres de vacances pour enfants et adolescents.
10 905 Centres de vacances et structures d'hébergement à louer pour groupes
Camp de vacances pour adolescents STAGE PLONGÉE SOUS MARINE (FORMATION NIV. I)
Pour les 14 - 17ans Prix : 1 199 Euros

Dans les fonds marins d'exception du Cap corse, votre enfant découvrira la vie sous-marine et les techniques requises pour pratiquer la plongée. Le stage Niveau 1 commencera par la connaissance des principes de base de plongée sous-marine. Les plongées d'initiation, puis de perfectionnement permettront à chacun d'évoluer selon son rythme. Pendant le séjour, les jeunes pourront effectuer un bivouac pour découvrir les magnifiques paysages de la Corse. D'autres activités pourront être organisées par l'équipe d'animation et les jeunes. Les jeunes pourront aussi découvrir la culture et la gastronomie corses.

LIEU DU SÉJOUR : CAP CORSE
HÉBERGEMENT : Le groupe est accueilli dans un camping à 200 mètres de la mer. Hébergement sous tente igloo de 3 à 4 places maximum.
MODE DE VIE : Les repas sont assurés par l'équipe d'animation et les jeunes ; participation des jeunes à la vie collective.
EFFECTIFS : 24 enfants
MOYENS DE TRANSPORT : SCNF + CAR DE TOURISME + FERRY
ORGANISATEUR : VACANCES ENSEMBLE - **44200 NANTES - Téléphone : 0240569840**

Pour en savoir plus sur cet organisateur et découvrir ses autres séjours pour enfants et adolescents,

CLIQUEZ ICI

1. De quel type de document s'agit-il ? *0,5 point*

☐ Un article de presse.
☐ Un extrait de livre.
☐ Une publicité.

2. Le stage proposé s'adresse... *1 point*

☐ aux moins de 14 ans.
☐ aux plus de 14 ans.
☐ aux plus de 17 ans.

3. Il faut avoir des connaissances préalables pour pouvoir participer à ce stage. *1,5 point*

☐ Vrai
☐ Faux

Citez un passage du document pour justifier votre réponse :

....

4. Pour aller sur le lieu du séjour, il faut prendre trois véhicules différents. *1 point*

☐ Vrai
☐ Faux

5. Comment les enfants seront-ils logés ? *1,5 point*

....

6. Quels autres éléments les jeunes pourront-ils découvrir ? *1 point*
(Il y a plusieurs réponses possibles).

☐ le folklore et les traditions
☐ l'histoire et les légendes
☐ la nature et les paysages
☐ la pratique de la voile
☐ les spécialités culinaires

7. Les jeunes participent à l'élaboration des repas. *1,5 point*

☐ Vrai
☐ Faux

Citez un passage du document pour justifier votre réponse :

....

8. Quel(s) renseignement(s) obtient-on en cliquant sur l'endroit indiqué ? *1,5 point*

....

Partie 3

PRODUCTION ÉCRITE

25 points

■ Exercice 1

13 points

Vous revenez d'un séjour chez des amis à Paris, mais vous avez eu des problèmes pour votre voyage de retour. Racontez les différents événements qui se sont produits et vos impressions à vos amis. Écrivez un texte de 60 à 80 mots.

■ Exercice 2

12 points

Salut !

Tu sais que Pauline a 20 ans samedi prochain. 20 ans, ça se fête ! C'est pour ça qu'on lui prépare une petite fête surprise et ça nous ferait plaisir que tu viennes. Il faudrait que tu prépares quelque chose à manger (une quiche ou une salade). On aimerait bien lui faire un cadeau et on a pensé que ce serait plus sympa si on se groupait tous. Pourrais-tu nous dire combien tu veux mettre ? Et si tu as une idée géniale, n'hésite pas. Bises et à plus.

Natacha

Vous remerciez de l'invitation et expliquez pourquoi vous ne pouvez pas aller à la fête. Dites que vous voulez participer au cadeau et donnez des idées de cadeau.

■

Partie 4
PRODUCTION ORALE
25 points

■

Vous disposez de 10 minutes de préparation pour les parties 2 et 3.

■ Entretien dirigé *(1 minute 30 environ)*

Présentez-vous en parlant de votre famille, votre profession, vos goûts, etc.
L'examinateur vous pose des questions supplémentaires sur les mêmes sujets.

Entraînez-vous avec votre professeur ou un/e de vos camarades.

■ Monologue suivi *(2 minutes)*

Répondez aux questions de l'examinateur.

Parlez d'une journée habituelle. Expliquez ce que vous faites, pourquoi, avec qui, ce que vous aimez et n'aimez pas faire pendant une journée normale.

Entraînez-vous avec votre professeur ou un/e de vos camarades.

■ Exercice en interaction *(3 ou 5 minutes environ)*

Répondez aux questions de l'examinateur.

Organisez un week-end avec votre camarade dans une autre ville. Vous pouvez décider de la ville où vous irez, du moyen de transport, de votre hébergement, de ce que vous y ferez.

■
Partie 1
COMPRÉHENSION DE L'ORAL
25 points
■

Vous allez entendre 4 enregistrements correspondant à 4 documents différents.
Répondez aux questions en cochant (x) la bonne réponse ou en écrivant l'information demandée.

■ Exercice 1 *5 points*

Première partie de l'enregistrement :

1. Vous téléphonez à la salle de sport Fitness et Forme et vous entendez le message suivant sur le répondeur. Sur quelle touche appuyez-vous pour une inscription ?

Touche n° ....

Deuxième partie de l'enregistrement :

2. Pour s'inscrire, il faut seulement :

☐ une photo.
☐ une photo et un document d'identité.
☐ une photo, un document d'identité et un relevé d'identité bancaire.

3. Si vous êtes membre du club, vous payez...

☐ 22 €
☐ 42 €
☐ 32 €

■ Exercice 2 *8 points*

1. Vous venez d'entendre...

☐ une publicité à la radio.
☐ un message sur répondeur téléphonique.
☐ une conversation à la radio.

2. Le titre de cet extrait pourrait être :

☐ Personne ne répond au téléphone
☐ Le téléphone facilite les contacts
☐ Internet et l'absence de présence humaine

3. Pour réclamer, vous pouvez...

- ☐ téléphoner.
- ☐ téléphoner ou écrire.
- ☐ On ne sait pas.

■ Exercice 3

12 points

Vrai, faux, on ne sait pas ?
Cochez la case correspondante.

	VRAI	***FAUX***	***ON NE SAIT PAS***
1. La conversation a déjà commencé.			
2. Gabriel parle seulement de ses études.			
3. Gabriel a passé 5 ans au Mexique.			
4. Gabriel a été dans un lycée au Mexique.			
5. Gabriel parle le français, l'anglais et l'espagnol.			
6. Gabriel travaille en France.			

■

Partie 2
COMPRÉHENSION DES ÉCRITS
25 points

■

■ Exercice 1

5 points

MODE D'EMPLOI DE VOTRE CASQUE SANS FIL **ARKON 450**

a Mettez les piles dans le boîtier du casque.

b Branchez le casque à la base de l'émetteur.

c Branchez l'un des câbles du transformateur à la base émettrice et l'autre au réseau électrique.

d Regardez si le voyant de chargement des piles est rouge. Cela indique que les piles ne sont pas complètement chargées.

e Quand le voyant de chargement des piles est vert, les piles sont chargées.

f Si vous chargez les piles pour la première fois, n'utilisez pas le casque immédiatement et suivez les instructions suivantes :
- Débranchez le transformateur de la prise électrique.
- Laissez les piles se décharger complètement.
- Rebranchez le transformateur pour recharger les piles.
- Attendez que le voyant devienne vert.

g Débranchez le casque de la base émettrice. Sinon, vous risquez de surcharger les piles.

h Vous pouvez à présent utiliser le casque.

> Attention, respectez bien ces instructions avant la première utilisation. Si vous ne les respectez pas, les piles risquent de mal fonctionner et vous devrez les changer fréquemment.

Pour les phrases 1 à 5, indiquez dans le tableau la lettre correspondante.

1. Il ne faut pas utiliser les piles si le voyant est d'une certaine couleur.	
2. Il faut brancher le transformateur par les deux câbles.	
3. Il ne faut pas laisser le casque branché trop longtemps pour que les piles fonctionnent bien.	
4. Il faut mettre les piles dans cette partie de l'appareil.	
5. Il ne faut pas utiliser le casque la première fois qu'on charge les piles.	

■ Exercice 2

6 points

Lisez chaque titre et inscrivez le chiffre qui lui correspond dans la rubrique appropriée.

1 **Violentes luttes urbaines dans les cités parisiennes et les banlieues des métropoles françaises**

2 **Découverte d'un calamar géant à plus de 3 000 mètres de profondeur**

3 **Rencontre de rugby Toulouse-Montpellier : le choc des titans**

4 Les grandes entreprises continuent à faire de grands profits

5 Delacroix / Flaubert, une magnifique exposition au Grand Palais sur les voyages africains

6 D'anciens chefs d'État animent le cycle de conférences de la Sorbonne

Société	Culture	Sport	Sciences	Politique	Économie

■ Exercice 3

9 points

Lisez le texte, puis répondez aux questions.

L'île perdue
BERTRAND ROBERT

Jacques est un gosse* de riche et il s'ennuie terriblement. Ses parents l'obligent à étudier sans cesse en classe ou avec une dizaine de professeurs particuliers, parce qu'ils veulent pour lui un grand avenir professionnel. Mais un jour, il trouve la carte d'une île déserte où est caché un trésor. Il décide, sans rien dire à sa famille, de s'embarquer sur un bateau marchand. Pour cela, il part avec deux amis, Claudine et Ismaël, avec qui il se cache dans la soute* du navire*. Mais ce qu'il ne sait pas, c'est que le capitaine est un pirate moderne qui attaque d'autres bateaux et que l'île déserte est justement le repaire* où il cache son butin. Va-t-il arriver à destination sain et sauf* ?

Bertrand Robert est né à Tahiti* d'un père marin et d'une mère tahitienne. Il connaît mieux que quiconque la vie sur les bateaux et l'envie terrible de voyager et de vivre dans les îles. Il signe ici un conte moderne, sous forme de roman, sur la recherche d'un trésor qui n'est pas forcément celui auquel on pense. C'est plus ici l'occasion d'une découverte de ce qu'est l'adolescence, l'amitié et l'envie d'avoir une vie différente de celle que les adultes veulent pour leurs enfants, avec en toile de fond les paysages exotiques d'une mer pas très pacifique.

Dès 10 ans. 105 pages. Format 14 cm x 19 cm. 9 €

** gosse : (familier) enfant.*
** soute : fond du bateau où sont généralement gardées les marchandises transportées.*
** navire : bateau.*
** repaire : endroit où se cache un bandit.*
** sain et sauf : en bonne santé.*
** Tahiti : île du Pacifique.*

1. L'île perdue, c'est... *0,5 point*

- ☐ un livre.
- ☐ un film.
- ☐ un dessin animé.

2. Il est adéquat pour les... *1 point*

- ☐ 6-8 ans.
- ☐ 8-10 ans.
- ☐ 10-12 ans.
- ☐ tous ces âges.

3. **Vrai** ou **Faux** ? Comme dans l'exemple, cochez la case correspondante (x) et recopiez la phrase ou la partie de texte qui justifie votre réponse. *7,5 points*

	VRAI	***FAUX***
Avant de partir en voyage, Jacques a une vie très intéressante *Justification : « Jacques s'ennuie ».*		X
1. Jacques laisse une note pour avertir ses parents qu'il part. Justification :		
2. Jacques part accompagné. Justification :		

3. Le capitaine du bateau est une personne honnête. Justification :		
4. L'auteur connaît bien le thème des voyages. Justification :		
5. Le but de l'auteur est uniquement de parler de pays exotiques. Justification :		

■ Exercice 4

5 points

Vous venez de recevoir ce message sur votre ordinateur. Répondez aux questions.

De : classes.particuliers@franceeduc.fr
À :
Objet : Soutien scolaire
Pièces jointes : Aucune

Vous voulez que vos enfants améliorent leurs résultats scolaires ? Depuis 1972, France Educ a la solution. Nous vous proposons notre soutien scolaire sous forme de cours à domicile ou dans nos écoles. Nos formules de cours sont flexibles et nos professeurs ont tous un diplôme de niveau supérieur en relation avec la matière qu'ils enseignent.

Pour plus de renseignements, CLIQUEZ ICI et vous pourrez prendre rendez-vous en ligne avec un de nos agents. Sinon, vous pouvez visiter notre site à l'adresse www.franceeduc.fr.

Attention, jusqu'au 30 septembre, nous vous offrons un mois de cours gratuit pour toute formule d'octobre à juin.

Ne laissez pas passer cette chance, c'est l'avenir de vos enfants qui est en jeu.

1. Il s'agit... *1 point*

☐ d'un message amical.
☐ d'une publicité.
☐ d'un article de presse.

2. France Educ donne... *1 point*

☐ des cours particuliers.
☐ des cours dans des collèges.
☐ des cours dans des lycées.

3. Si vous cliquez sur l'emplacement indiqué, qu'est-ce que vous pourrez faire ? *1,5 point*

....

4. Vous pouvez obtenir des réductions en prenant des cours pendant une année scolaire : *1,5 point*

☐ Vrai
☐ Faux

Justifiez votre réponse en citant une phrase du texte :

....

■

Partie 3
PRODUCTION ÉCRITE
25 points

■

■ Exercice 1

13 points

Vous venez de vous installer dans une nouvelle ville. Vous écrivez une lettre à un ami pour lui raconter ce que vous avez dû faire et vos impressions sur votre nouvelle ville. Écrivez un texte de 60 à 80 mots.

■ Exercice 2

12 points

Vous voulez vous inscrire à des cours de natation. Vous demandez à un ami qui a fait de la compétition de natation de vous aider à choisir votre club et vous lui demandez si vous pouvez aller à la piscine ensemble (60 à 80 mots).

■
Partie 4
PRODUCTION ORALE
25 points
■

Vous disposez de 10 minutes de préparation pour les parties 2 et 3.

■ Entretien dirigé *(1 minute 30 environ)*

Présentez-vous en parlant de votre famille, votre profession, vos goûts, etc.
L'examinateur vous posera des questions supplémentaires sur les mêmes sujets.

Entraînez-vous avec votre professeur ou avec un/e de vos camarades.

■ Monologue suivi *(2 minutes)*

Répondez aux questions de l'examinateur.

Parlez d'un/e ami/e. Racontez votre rencontre.

Entraînez-vous avec votre professeur ou un/e de vos camarades.

■ Exercice en interaction *(3 ou 5 minutes environ)*

Dans une agence de voyage, vous voulez acheter des billets d'avion pour plusieurs personnes. Vous avez décidé de partir le 13 juillet. Donnez au vendeur de billets toutes les précisions nécessaires : date, nombre de passagers, classe. Choisissez l'heure de départ en fonction des horaires proposés. Demandez le prix.

L'examinateur joue le rôle du vendeur de billets.

Aéroport de départ et d'arrivée	Horaires	Vol	Durée
Paris Charles de Gaulle	14h30	Air France	1h45
Rome Leonardo da Vinci	16h15		

Aéroport de départ et d'arrivée	Horaires	Vol	Durée
Paris Charles de Gaulle	21h17	Air France	1h48
Rome Leonardo da Vinci	23h05		

Aéroport de départ et d'arrivée	Horaires	Vol	Durée
Paris Charles de Gaulle	17h30	Alitalia	55 min.
Nice	18h25		

Aéroport de départ et d'arrivée	Horaires	Vol	Durée
Nice	19h50	Alitalia	55 min.
Rome Leonardo da Vinci	20h45		

Partie 1
COMPRÉHENSION DE L'ORAL
25 points

Vous allez entendre 4 enregistrements correspondant à 4 documents différents.
Répondez aux questions en cochant (X) la bonne réponse ou en écrivant l'information demandée.

Exercice 1 *5 points*

Première partie de l'enregistrement :

1. Vous téléphonez à l'Office de tourisme de Caen et vous entendez le message suivant sur le répondeur. Sur quelle touche appuyez-vous pour faire une visite guidée de la ville ? *1 point*

Touche n° ....

Deuxième partie de l'enregistrement :

2. Les lycéens... *2 points*

- ☐ paient 5 euros.
- ☐ paient 4,5 euros.
- ☐ ne paient pas.

3. Pour obtenir des billets, vous devez vous présenter le jour de la visite. *2 points*

- ☐ Vrai.
- ☐ Faux.
- ☐ On ne sait pas.

Exercice 2 *8 points*

1. Vous venez d'entendre...

- ☐ une publicité à la radio.
- ☐ un message sur répondeur téléphonique.
- ☐ une conversation à la radio.

2. Le thème principal de ce document est :

☐ a

☐ b

☐ c

3. Vous pouvez trouver près d'ici...

- ☐ la gare du Nord.
- ☐ la piscine Pontoise.
- ☐ la Conciergerie.

4. On peut écouter du jazz...

- ☐ le week-end.
- ☐ pendant la semaine.
- ☐ On ne sait pas.

■ Exercice 3

12 points

Vrai, faux, on ne sait pas ? Cochez la case correspondante.

	VRAI	*FAUX*	*ON NE SAIT PAS*
1. La conversation a déjà commencé.			
2. Les parents d'Élodie ne seront pas là le jour de la fête.			
3. La musique qu'elles vont passer sera indienne.			
4. Florence propose une robe des années 60 à Élodie.			
5. Elles vont chercher des informations sur Internet.			
6. À la fin de la conversation, elles rentrent chacune chez elles.			

■

Partie 2
COMPRÉHENSION DES ÉCRITS
25 points

■

■ Exercice 1

6 points

Recette de la tarte meringuée au citron

1 Étalez 300 g de pâte sur le fond d'un moule. N'oubliez pas de piquer la pâte avec une fourchette pour qu'elle reste bien plate.
2 Mettez la crème sur la pâte à tarte.
3 Faites cuire à four chaud (environ 170 degrés) de 25 à 30 minutes.

Pour faire la meringue :
4 Séparez le blanc et le jaune de 3 œufs.
5 Mettez un peu de sel dans les blancs, puis battez-les en neige. Attention, ne mettez pas les jaunes, sinon les blancs ne monteraient pas.
6 Incorporez peu à peu 60 g de sucre.
7 Recouvrez la tarte avec la meringue.
8 Mettez au four (environ 100 degrés) de 10 à 15 minutes.

Pour faire la crème :
9 Mélangez un œuf entier dans un grand bol.
10 Ajoutez un peu de sel et 200 g de sucre. Battez le tout pendant 5 minutes.
11 Ajoutez le zeste d'un demi citron râpé, le jus d'un citron et 80 g de beurre fondu. N'utilisez pas de margarine ; le goût ne serait pas aussi bon.

Pour les phrases 1 à 6, indiquez dans le tableau le numéro correspondant.

1. Il faut faire cuire la pâte avant de faire la meringue.	
2. Il faut mettre du sel dans les blancs en neige.	
3. Pour faire la meringue, on utilise des blancs d'œufs.	
4. Il ne faut pas utiliser de margarine.	
5. On doit mélanger doucement le sucre dans les blancs en neige.	
6. Il faut utiliser un citron.	

■ Exercice 2

9,5 points

Lisez le texte, puis répondez aux questions.

Un zoo qui bouge

03.10.06

Le zoo de Thairie dans la banlieue parisienne se sentait un peu à l'étroit dans ses 12 hectares. Alors la mairie de Thairie et le zoo ont décidé de déplacer le zoo à quelques kilomètres de là, sur un site plus grand de la commune de Vilcabane. L'un des problèmes posés par ce changement était de savoir comment déplacer tous les animaux sans qu'ils se sentent dépaysés*. La solution a été de reconstruire une grande partie du zoo à l'identique. Ainsi, les animaux se sentent comme chez eux mais peuvent aussi découvrir de nouveaux terrains.

Pour transporter tous les animaux, il a fallu organiser plus de 80 voyages. Tout s'est plutôt bien passé, sauf pour Marmat, un éléphant indien, qui est devenu furieux et a provoqué une bagarre* dans un des camions. Résultat : le camion s'est renversé*, avec tous les éléphants à bord. Une éléphante s'est tordu une patte, mais elle s'est remise de ses blessures et va très bien.

Vous pouvez venir découvrir le nouveau zoo, qui s'appelle zoo de Thairy-Vilcabane, depuis le 1er octobre. Les entrées sont à demi-tarif pendant tout le mois.

** dépaysés : perdus*
** bagarre : lutte*
** renversé : tombé sur le côté ou sur le dos*

1. Ce texte vient... *1 point*

- ☐ d'un site Internet
- ☐ d'un journal papier
- ☐ d'une brochure touristique

2. Le zoo est... *1 point*

- ☐ uniquement d'animaux marins.
- ☐ uniquement d'animaux terrestres.
- ☐ d'animaux marins et terrestres.
- ☐ On ne sait pas.

3. **Vrai** ou **faux** ? Comme dans l'exemple, cochez la case correspondante (x) et recopiez la phrase ou la partie de texte qui justifie votre réponse. *7,5 points*

	VRAI	FAUX
L'ancien zoo faisait 12 hectares. Justification : « *Le zoo de Thairie dans la banlieue parisienne se sentait un peu à l'étroit dans ses 12 hectares* ».	X	
1. Le nouveau zoo est plus grand que l'ancien. Justification :		
2. Le nouveau zoo a été construit en partie comme l'ancien. Justification :		
3. Il a fallu plus d'une centaine de voyages pour déménager les animaux. Justification :		
4. Une éléphante a été blessée. Justification :		
5. Le déménagement s'est en général bien passé. Justification :		

■ Exercice 3

9,5 points

Lisez le texte, puis répondez aux questions.

UNIVERSATILE

DÉCOUVREZ ET FEUILLETEZ EN LIGNE UNE VINGTAINE DE PAGES DE NOTRE DERNIER NUMÉRO, AVEC ENTRE AUTRES AU SOMMAIRE :

RADJAN, LA CHANTEUSE RAP QUI MONTE.

ORIENTATION : TROUVER LES BONNES ÉCOLES POUR LES BONNES ÉTUDES.

JE PARS OÙ AVEC MON COPAIN OU MA COPINE CET ÉTÉ ?

UNIVERSATILE. LE MAGAZINE MENSUEL DES JEUNES QUI VEULENT TOUT SAVOIR.
De 15 à 25 ans

DÉCOUVREZ-VOUS DANS VOTRE UNIVERS.
Vous vous cherchez encore beaucoup et vous voulez connaître un peu mieux le monde qui vous entoure.
UNIVERSATILE est votre magazine !

ORIENTEZ-VOUS DANS L'UNIVERS.
Vous voulez trouver quel métier vous voulez faire, les études qu'il faut faire pour ça et avoir plein de recettes pour bien les réussir.

UNIVERSATILE EST VOTRE MAGAZINE !

CONNAISSEZ D'AUTRES UNIVERS.
Vous aimez sortir, voyager, vous cultiver...
UNIVERSATILE est votre magazine !

Contactez-nous à :
toutsavoir@universalis.com
ou visitez notre site Internet :
http://www.universal.com

TU VEUX T'ABONNER À UNIVERSATILE ?
UNIVERSATILE : 73,35 € au lieu de ~~86,30 €~~

Tu peux aussi t'abonner à notre nouvelle revue MÉLINE, la revue pour les filles malines.
UNIVERSATILE + MÉLINE : 105,20 € au lieu de ~~123,80 €~~

Choisissez la zone de livraison :
❑ France métropolitaine
❑ Belgique, Luxembourg et Suisse
❑ Autres pays de l'UE
❑ Reste du monde

1. Ce document est ... *1 point*

- ☐ une publicité pour un magazine.
- ☐ la première page d'un magazine.
- ☐ un article critique de magazine.

2. À quel public « Universatile » est-il destiné ? *1,5 point*

- ☐ Jeunes enfants.
- ☐ Jeunes adolescents.
- ☐ Grands adolescents et jeunes adultes.

Citez un passage du document pour justifier votre réponse :

....

3. Le magazine « Universatile » peut uniquement être expédié en Europe. *1 point*

- ☐ Vrai
- ☐ Faux
- ☐ On ne sait pas.

4. On peut s'abonner à deux magazines. *1 point*

- ☐ Vrai
- ☐ Faux
- ☐ On ne sait pas.

5. Il est possible de consulter un exemplaire entier du magazine sur Internet. *1 point*

- ☐ Vrai
- ☐ Faux
- ☐ On ne sait pas.

6. « Universatile » paraît... *1 point*

- ☐ toutes les semaines.
- ☐ deux fois par mois.
- ☐ tous les mois.

7. D'après ce document, que peut-on faire quand on est lecteur d' « Universatile » ?
(Il y a plusieurs bonnes réponses) *1,5 point*

- ☐ Communiquer avec des journalistes du magazine.
- ☐ Jouer et gagner des prix.
- ☐ Trouver des informations sur ses études.
- ☐ Trouver des idées pour faire des voyages.
- ☐ S'inscrire à des voyages organisés.
- ☐ Participer à des forums sur internet.

8. Où peut-on trouver d'autres informations sur « Universatile »? *1,5 point*

....

Partie 3
PRODUCTION ÉCRITE
25 points

■ Exercice 1

13 points

Vous êtes allé/e à une soirée. Écrivez dans votre journal intime ce que vous avez fait et votre impression sur un garçon ou une fille que vous avez connu/e. Écrivez un texte de 60 à 80 mots.

■ Exercice 2

12 points

Vous avez reçu ce courriel.

Police par défaut · Taille du texte · G I S T

Salut,

Comme je l'ai proposé le mois dernier, je t'invite à un week-end décoration chez moi avec Paul et Katia. Ça te dit ? Si vous voulez, vous pouvez rester chez moi le samedi soir ; mon mari et mes enfants seront à la mer. Alors si tu acceptes, il faut venir avec des morceaux de tissus, de la peinture, des feuilles de papier et de carton colorés, des morceaux de céramiques... En bref, apporte tout ce que tu as chez toi qui ne te sert à rien. Tu verras, on va bien s'amuser.

Je compte sur toi.

À bientôt,

Josiane

Vous répondez à Josiane. Vous la remerciez et acceptez son invitation. Vous lui proposez d'apporter à manger (60 à 80 mots).

Partie 4
PRODUCTION ORALE
25 points

Vous disposez de 10 minutes de préparation pour les parties 2 et 3.

Entretien dirigé

(1 minute 30 environ)

Présentez-vous en parlant de votre famille, votre profession, vos goûts, etc. L'examinateur vous posera des questions supplémentaires sur les mêmes sujets.

Entraînez-vous avec votre professeur ou avec un/e de vos camarades.

Monologue suivi

(2 minutes environ)

Répondez aux questions de l'examinateur.

Parlez de votre plat préféré.

Entraînez-vous avec votre professeur ou avec un/e de vos camarades.

Exercice en interaction

(3 ou 5 minutes environ)

Vous parlez avec l'un de vos parents de vos études supérieures. Vous lui dites ce que vous voulez faire et pourquoi. Vous voulez étudier en France et vous demandez s'il est d'accord et s'il peut vous aider à trouver une école ou une université

■

Partie 1
COMPRÉHENSION DE L'ORAL
25 points

■

Vous allez entendre 4 enregistrements correspondant à 4 documents différents. Répondez aux questions en cochant (X) la bonne réponse ou en écrivant l'information demandée.

■ Exercice 1 *5 points*

Première partie de l'enregistrement :

Vous téléphonez à l'entreprise Chimiplus et vous entendez le message suivant. Sur quelle touche devez-vous appuyer si vous voulez vous présenter à un emploi dans cette entreprise ? *1 point*

Touche n° ....

Deuxième partie de l'enregistrement :

1. Pour demander un stage dans l'entreprise, il faut envoyer son curriculum avant le mois de Juin. *2 points*

☐ Vrai
☐ Faux
☐ On ne sait pas

2. Le curriculum doit être accompagné d'une lettre. *2 points*

☐ Vrai
☐ Faux
☐ On ne sait pas

■ Exercice 2 *8 points*

1. Vous venez d'entendre...

☐ la fin d'un message diffusé sur haut-parleur.
☐ la fin d'un journal de radio.
☐ la fin d'un débat de radio.

2. Quel est le thème principal de ce document ?

☐ a

☐ b

☐ c

3. Il s'agit des élèves...

- ☐ d'une école.
- ☐ d'un collège.
- ☐ d'un lycée.
- ☐ d'une université.

4. Quelle est la réaction des responsables et des parents d'élèves face à leur demande ?

- ☐ Négative.
- ☐ Indifférente.
- ☐ Assez positive.
- ☐ Enthousiaste.

■ Exercice 3

12 points

Vrai, faux, on ne sait pas ? Cochez la case correspondante.

	VRAI	***FAUX***	***ON NE SAIT PAS***
1. Elle s'est immédiatement adaptée au rythme de la grande ville.			
2. C'est une ville de plus de 4 millions d'habitants.			
3. Elle doit prendre le métro pour aller travailler.			
4. C'est une ville où la nature est présente.			
5. Elle ne sort jamais à cause du temps qu'elle passe dans le métro.			
6. Sa copine vit dans la même ville.			

Partie 2
COMPRÉHENSION DES ÉCRITS
25 points

■ Exercice 1

5 points

A

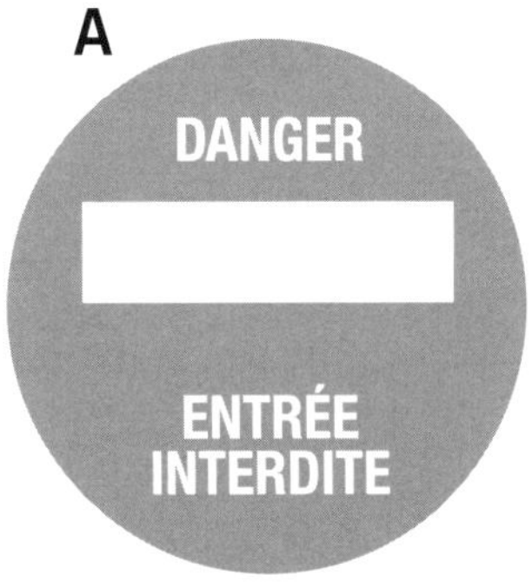

B

C

D

E

F

G

H

Pour les phrases 1 à 5, indiquez dans le tableau la lettre correspondante.

1. On peut acheter une chemise à moitié prix.	
2. On peut manger pour douze euros.	
3. Il ne faut pas parler à la personne qui conduit.	
4. Il ne faut pas parler.	
5. On ne peut pas aller sur l'herbe.	

■ **Exercice 2** *6 points*

Lisez chaque titre et inscrivez le chiffre qui lui correspond dans la rubrique appropriée : **culture, économie, sociétés, sciences, médias, sport**.

❶ **Les grandes banques européennes réunies à Rome.**

❷ **Épidémie de grippe dans le sud du pays : histoire de la mutation d'un virus.**

❸ Les chaînes LTV et Newscom en compétition : les téléspectateurs décideront.

❹ Les patients changent, les médecins aussi ... mais pas la sécu !

❺ **Grande exposition au Petit Palais : Le Titien retrouvé avec émotion.**

❻ Les verts s'imposent face à Valence : un match inoubliable.

Culture	Économie	Société	Sciences	Médias	Sport

■ **Exercice 3** *9 points*

Lisez le texte, puis répondez aux questions.

Diététique et nature JEAN-LOUIS BIFFE

Mangez beaucoup, pour maigrir

Manger pour maigrir, ce n'est pas possible ? Mais si : manger sans grossir est une question d'équilibre, pas de quantité... enfin, si on est raisonnable.

Par exemple, on peut utiliser de l'huile, du beurre, du sucre, du pain, enfin bref, tout ce qu'on vous interdit normalement dans les régimes. Bien sûr, il ne faut pas les consommer en grandes quantités. Mais prendre, le matin, 2 petites tartines de pain avec du beurre ou, à l'heure du déjeuner, une viande sautée dans un peu d'huile ou encore son café avec un sucre, ça va. Alors, comment manger beaucoup ? Vous pouvez manger autant de légumes que vous voulez. Mais attention, limitez les fruits. Ils contiennent beaucoup de sucres et ça, ce n'est pas bon ! Attention aussi, les légumes doivent être cuits à la vapeur. Et pour que tous ces légumes ne manquent pas de goût, vous pouvez assaisonner vos plats avec des épices ou des condiments, mettre de la sauce tomate naturelle ou de la sauce au yaourt. Mais n'oubliez pas, vous devez bien manger. Alors, ne sautez ni le petit-déjeuner, ni le goûter, ni le dîner. Et vous verrez, vous ferez mourir d'envie votre famille quand par exemple au goûter vous mangerez un gros bol de yaourt avec des fruits coupés en morceaux dedans.

Si vous suivez ces recommandations, vous êtes sûr de perdre tous ces kilos supplémentaires que vous vouliez faire disparaître depuis des années.

Bonne chance !

1. Ce texte vient... *0,5 point*

☐ d'un livre.
☐ d'un magazine.
☐ d'un message personnel.

2. Le thème principal de ce document est.... *1 point*

☐ a

☐ b

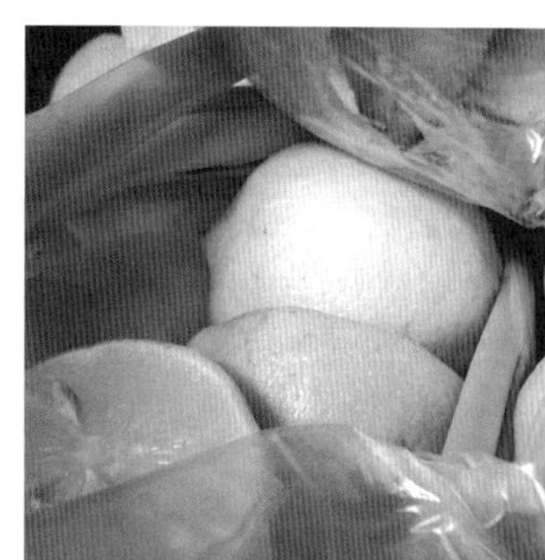

☐ c

3. **Vrai** ou **faux** ? Comme dans l'exemple, cochez la case correspondante (x) et recopiez la phrase ou la partie de texte qui justifie votre réponse. *7,5 points*

	VRAI	***FAUX***
Si on mange beaucoup, on ne peut pas maigrir. *Justification : « Manger pour maigrir, c'est impossible ? Mais si... »*		x
1. On peut manger du beurre. Justification :		

2. On ne peut pas sucrer son café. Justification :		
3. Les légumes sont bons pour les régimes. Justification :		
4. Les épices permettent de donner plus de goût. Justification :		
5. On peut ne pas prendre le petit-déjeuner. Justification :		

■ Exercice 4

5 points

Vous venez de recevoir ce message sur votre ordinateur. Répondez aux questions.

De : www.jeunesetudiants.com

Objet : Jeunes étudiants

Vous étudiez et vous voulez en savoir plus sur vos études ou votre vie quotidienne de jeune. Alors, « Jeunes étudiants » est fait pour vous.

Dans ses pages, vous trouverez des informations sur les formations, les stages et les emplois, mais aussi sur les relations avec votre petit(e)-ami(e) ou sur les personnalités à la mode. En plus, vous allez adorer nos petits conseils pour les examens et nos infos sur l'actualité musicale, le ciné ou les derniers sites Internet intéressants.

Alors, venez dès maintenant sur notre site www.jeunesetudiants.com pour plus d'informations. Et si vous vous inscrivez avant le 31 octobre, vous bénéficierez d'une réduction de 15 % sur l'abonnement annuel. Ainsi, vous paierez 89,25€ au lieu de 105€.

Pour les abonnements, cliquez ici.

1. Il s'agit... *1 point*
   - ☐ d'un message amical.
   - ☐ d'une publicité.
   - ☐ d'un article de presse.

2. www.jeunesetudiants.com est le site internet... *1 point*
   - ☐ d'un site de formation pour jeunes.
   - ☐ d'un site pour enfants.
   - ☐ d'un magazine pour jeunes.

3. « Jeunes étudiants » propose des informations uniquement pour les études. *1,5 point*
   - ☐ Vrai
   - ☐ Faux

   Justifiez votre réponse en citant une phrase du texte :

   ....

4. Si vous cliquez à l'emplacement indiqué, qu'est-ce que vous pourrez faire ? *1,5 point*

   ....

   ....

■

Partie 3
PRODUCTION ÉCRITE
25 points

■

■ Exercice 1
13 points

Vous venez de rentrer d'une semaine de ski dans les Alpes. Vous faites un petit résumé de vos vacances par écrit pour le mettre dans votre album à côté de vos photos. Vous racontez ce que vous avez fait et vos impressions. Écrivez un texte de 60 à 80 mots.

■ Exercice 2
12 points

Vous voulez faire un petit voyage avec votre copain/copine pour un week-end dans la ville de votre ami Fred. Vous lui écrivez un mot pour lui demander quelques informations sur l'endroit et les choses à faire. Vous lui proposez de vous rencontrer (60 à 80 mots).

■
Partie 4
PRODUCTION ORALE
25 points
■

Vous disposez de 10 minutes de préparation pour les parties 2 et 3.

■ Entretien dirigé *(1 minute 30 environ)*

Vous vous présentez en parlant de votre famille, votre profession, vos goûts, etc. L'examinateur vous pose des questions supplémentaires sur les mêmes sujets.

Entraînez-vous avec votre professeur ou un/e de vos camarades.

■ Monologue suivi *(2 minutes)*

Répondez aux questions de l'examinateur.

Parlez de la ville où vous habitez, de ce que vous y faites, ce que vous aimez et n'aimez pas de cette ville, et dites où vous aimeriez habiter.

Entraînez-vous avec votre professeur ou un/e de vos camarades.

■ Exercice en interaction *(3 ou 5 minutes environ)*

Répondez aux questions de l'examinateur.

Organisez une fête avec un ami : vous pouvez décider du lieu, du jour et de l'heure de la fête, du thème, de ce que vous allez offrir à manger et à boire, de la décoration, de la musique, etc.

Les clés du nouveau DELF A2

Auteurs
Emmanuel Godard
Philippe Liria
Jean-Paul Sigé

Édition
E. Lazaro

Conseil pédagogique
A. Garmendia

Conception graphique et couverture
Inspira Solucions (D. Portillo et N. París)

Illustration
P. Lüthi et D. Revilla

Photographies et images
Unité 1 p. 5 ALAMY/ACI ; p. 10 BARIL/RONCEN/CORBIS KIPA ; p. 12 PANORAMIC/ACI ; **Unité 2** p. 23 John Van Hasselt/Corbis ; p. 26 Cornelis Steenstra ; **Unité 3** p. 41 Anne Domdey/CORBIS ; p. 42 Gavin Bowick ; p. 54 Jyn Meyer ; **Unité 4** p. 59 Katia Coppola ; p. 60 Procidis ; p. 65 Peter Zelei ; **Unité 5** p. 77 Philip Gould/CORBIS ; p. 78 Rafal Swidzinski, Marie Jeanne Iliescu ; p. 80 Daisy Rizzo, Lucretious, Stuart Bell, Helmut Gevert, Ben C. ; p. 81 Rico Jensen, Zumberto, Bessy Cruz Cabrera ; p. 82 Ben Shipley, Jean McConochie, Jim Beriau, Mario A. Magallanes, Tim Haag ; **4ème de couverture** Peter Ong.

Voix CD
Valérie Espinasse, Emmanuel Godard, Lucile Herno, Philippe Liria, Christelle Manson, Jean-Paul Sigé

Studio d'enregistrement
CYO Studios

Remerciements
Christelle Manson (PragmaLangue), Marion Mistichelli

ISBN édition internationale : 978-84-8443-353-8
ISBN édition italienne : 978-84-8443-375-0

Réimpression : novembre 2007

Imprimé en Espagne par Tesys
D.L. : B-45.521-2007

difusión
Français
Langue
Étrangère

C/ Trafalgar, 10, entlo. 1ª
08010 Barcelone. Espagne
Tél (+34) 93 268 03 00
Fax (+34) 93 310 33 40
fle@difusion.com

www.difusion.com